생산 시스템 관리

-기업의 사상체질(VATI)을 활용한-

JMAC KOREA

생산 시스템 관리
– 기업의 사상체질(VATI)을 활용한 –

펴낸날 | 2024년 8월 25일

지은이 | JMAC KOREA
펴낸이 | 허 복 만
펴낸곳 | 야스미디어
등록번호 제10-2569호

편 집 기 획 | 디자인드림
표지디자인 | 디자인일그램

주　소 | 서울시 영등포구 영중로 65, 영원빌딩 327호
전　화 | 02-3143-6651
팩　스 | 02-3143-6652
이메일 | yasmediaa@daum.net
I S B N | 979-11-92979-13-7 (93320)
정가 20,000원

생산 시스템 관리

-기업의 사상체질(VATI)을 활용한-

JMAC KOREA

YAS 야스

머리말

생산시스템의 경쟁우위를 확보하기 위해서는 생산시스템 내부를 흐르는 물류패턴을 이해하고 그에 따른 생산운영기준과 방법 및 전략을 수립하여야 한다는 것이 우리의 확고한 신념입니다.

오늘날 이런 신념이 옳다는 것은 다품종 소량생산 및 다변화 환경하에서 고품질 저원가로 압박을 받고있는 우리 생산현장의 모습에서 쉽게 찾아 볼 수가 있습니다.

생산현장의 경쟁력 확보를 위한 방법으로 그동안 TPS, TPM, 6-시그마, 스마트팩토리 등의 혁신활동이 있었으나, 이것은 생산시스템 패턴과 물류 속성을 바탕으로 한 생산현장 프로세스 개혁으로는 부족함이 있습니다.

어려워지고 있는 경영환경하에서 생산시스템 개선을 통한 이익을 창출하여 지속가능한 경쟁력우위를 확보하는 방안으로는 고유기술, 투자를 바탕으로 하는 생산기술력과 가공, 검사, 운반, 보관과정에서 저원가 고효율을 창출하는 이용기술인 관리 기술력의 두 가지가 있습니다. 그런데, 아무리 생산기술력이 좋더라도 원가를 제어하고 이익을 창출할 수 있는 관리기술력이 좋아야만 된다는 것을 간과해서는 안된다는 것입니다. 그리고, 이러한 관리 기술력의 주체는 바로 현장 관리자들입니다.

생산현장의 관리자들이 현장의 기본사항인 생산시스템과 물류속성 및 품질특성치(C.T.Q)와 품질특성치를 제어하는 공정관리기준치(C.T.P)를 이해하고 대처할 수 있는 능력을 교육, 육성하고, 또한 미래에 현장관리자 역할을 수행하게 될 학생들의 교육용 자료로 활용하고자 본 도서를 발간하게 되었습니다.

본 도서는 그동안 생산현장에서 접목하였던 개선사항과 성공 체험을 바탕으로 JMAC KOREA 전문위원들이 가슴을 열고, 머리를 맞대어 집필한 것으로서 가급적 읽어서 이해하기 쉽도록 각종 그림과 표 및 산출자료들로 구성하였으며, 여러 가지

산업공학적 기본 개념과 기초 산식에 집중하여 기술하였습니다.

   이 도서를 읽고 자사 현장과의 차이를 인식하고 멋진 현장을 만들어내는데 역량을 집중시켜 주었으면 하는 바램으로 집필하였습니다. 이 도서가 우리 집필진의 바램으로 연결이 되리라는 조그마한 소망을 가져 봅니다.

JMAC KOREA 집필진 일동

감수의 글

IIOT기술 발전으로 인해 다양한 데이터를 실시간으로 수집할 수 있게 되었고, 인공지능기술의 발달로 수치데이터 뿐 아니라, 이미지데이터, 음성데이터를 이용하여 생산현장에서는 이전에 할 수 없었던 예지보전, 불량예측, 실시간 품질 관리, 실시간 공정 제어 등이 가능한 스마트화가 이뤄지고 있다.

이런 질문을 받은 적이 있다. "불량예측, 설비이상탐지 예측, 최적 공정 조건 탐지 등에 인공지능이 적용되는 것을 알겠는데, 양산공정에서의 생산관리, 품질관리를 위해서는 어떤 인공지능기법이 적절한가요?"

인공지능기법은 예측이나 분류에 적절한 기법으로 양산공정에서의 일반적인 생산관리, 품질관리에는 기존의 6시그마, 공정능력분석, 품질관리도구 등이 더욱 적절하다. 즉, 인공지능기법만으로 세상에 존재하는 모든 문제를 해결할 수 있는 것은 아니고, 해결하고자 하는 문제에 적절한 기법을 적용하는 것이 더욱 중요하다.

기본적인 3정5S가 되어 있지 않은 생산시스템에서 수집된 데이터는 신뢰하기 어려우며, 간이자동화나 풀프루프시스템 적용만으로도 해결가능한 현장의 문제를 어려운 기법을 적용하여 해결하는 우를 범하여서도 안 된다. 보이지 않는 문제들이 스스로 드러나게끔 하여야 하며, 불량발생 후에 대응하는 것이 아니라 불량이 발생하지 않게 하여야 하며, 궁극적으로 증상제거가 아니라 원인을 제거하여 동일한 원인으로 인한 불량을 예방하여야 한다. 스마트화나 자동화를 도모하기 전에 문제의 본질을 이해하고, 단순화하여 "Don't Automate Mistake"하여야 한다.

본 도서에서는 생산현장의 관리자들이나 실제적인 생산관리에 관심이 있는 학생들이 생산시스템에 관한 이러한 기본적인 내용, 다양한 개선기법 등을 학습하고 적용하는데 도움이 되는 내용으로 구성하였다.

특히, 생산시스템을 4가지로 분류하고 해당 특징에 맞는 방안을 제시하였다. 한의학에서는 사람을 태양인, 소양인, 소음인, 태음인이라는 사상체질로 구분하고, 타고난 체질에 따라 생활습관과 치료법을 적용한다. 생산시스템도 다양하기에 적절한 분류가 필요하며, 각 분류의 특성에 맞는 관리방법, 포인트가 필요하다.

그러므로, 생산시스템을 첫 공정의 품목수, 중간공정의 품목수 및 공정의 분할과 합병, 마지막 공정의 품목수라는 3가지 요소를 이용하여 VATI형의 4가지 패턴으로 구분하고, 각 패턴별 특성에 맞는 경영관리 포인트를 제시하였다. 특히, 패턴별 특성, 문제점, 운영상 관습적으로 잘못하고 있는 부분을 파악하고, 이에 따른 경영관리 포인트를 제시한 점이 흥미롭다.

마지막으로, 도서의 출판을 위해 오탈자 검토와 여러 번의 교정을 해 주신 야스미디어와 집필진에 다시 한 번 감사드리며, 생산현장의 실제적인 문제 해결에 도움이 되도록 기본에 충실한 본 도서가 생산시스템 관리에 관심이 있는 분들에게 알차게 활용되었으면 합니다.

감수자 공주대학교 교수 이동주

목차

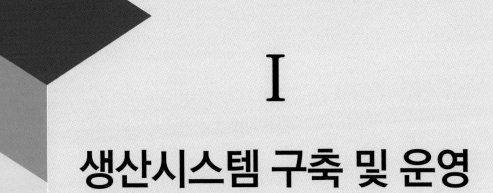

I

생산시스템 구축 및 운영

01
CHAPTER

현장조직 구성과 효율화

1 | 공장 규모와 경영관리 포인트

공장규모를 인원과 매출규모 등에 따라서 소기업은 40명 이하의 연평균 매출액이 120억 전후의 공장이고 중기업은 300명 이하의 연평균 매출액 1,500억 이하로 규정되며, 중견기업은 1,000명 이하 규모로 구분이 되지만, 이때부터는 매출액 구분의 산포가 커서 보통 인원으로만 구분하기가 쉽게 됩니다. 중요한 것은 규모에 따른 경영관리 포인트를 이해하고 효과적인 경영을 하고자 하는 것입니다.

1) 소기업은 인력 및 매출액 확보에 힘을 쓰도록 하자

소기업은 보통 창업자인 TOP의 경험과 감에 의한 공장관리 레벨로 제품을 만들어 파는 영업과 생산중심의 조직으로 구성되어 있습니다. 그러나 이때는 매출규모가 작고, 운영인력이 적으며 판매대금의 회수도 잘 되지 않는 조직입니다. 공장내부도 생산을 중심으로 미흡한 관리기술로 운영이 되고 있어 물류흐름이 탁류화되어 대기재공이 많게 되고, 현금흐름 또한 좋지 못합니다. 따라서 소기업형태의 공장은 ⓐ 시장 확보(수주 확보) ⓑ 인력 및 흐름(유동성)확보 ⓒ 물류흐름 정류화에 초점을 맞추어야 합니다.

2) 중기업은 인력육성 및 자주관리 기반 구축이 근간이 되어야 합니다.

인력규모가 40명보다 많아지게 되면 TOP의 All Court Pressing 형태의 감과 경험에 의한 현장관리는 한계점을 드러내어 실시간으로 현장현물관리가 어려워집니다. 따라서 중기업에서는 확보한 인력의 생산기술력을 키워서 실시간으로 현장현물 중심의 자주관리가 되도록 하는 것이 적은 매출액에 따른 간접관리비를 줄이고 품질 안정화를 도모하는 지름길이 됩니다. 또한, 현장에서는 품종과 수량 다양화로 인하여 대기재공이 늘어나서 기존의 관리방법으로는 힘이 들게 됩니다. 따라서 중기업에서는 ⓐ 자율학습 체계를 만들어서 인력의 레벨업을 도모하고, 레벨업된 인력으로 ⓑ 현장현물 중심의 자주관리가 되게 하는 한편 ⓒ 대기재공을 줄이기 위한 제조기술로서의 "흐름생산"에 주력하도록 해야 합니다.

3) 중견기업은 생산시스템을 만들고, 품질경영에 주안점을 두도록 한다.

중견기업에서는 매출규모가 커지면서 변종 변량에 대응할 수 있는 조직 간의 횡적연계성 확보에 역점을 두고 지속적인 Process Innovation을 해나가야 합니다. 이때부터는 확보된 물동량을 유지관리하면서 품질보증을 통한 점진적인 고객 확보를 위해서 품질의 유출방지와 발생방지를 위한 제어기술을 확보해야 합니다. 그러므로 TPS, TOC, IE 등의 관리기술과 SENOR, IT, ICT 등의 기반기술을 확보한 생산전문가를 육성, 확보하여 지속적인 혁신활동을 해 나가는 것이 매출규모 증대로 연동이 되게 됩니다.

4) 대기업은 신제품 개발로 시장 경쟁력을 확보해야 합니다.

대기업에서는 확보되고, 육성된 생산전문가들의 창의력과 다양성을 활용하여 변종 변량에 능동적으로 대처하고, 신제품 개발로 시장을 주도하기 위하여 조직을 사업부제로 전환하고 통제가 아닌 위임경영으로 바꾸게 됩니다. 사업부제하에서는 치밀하고 심도 있는 관리로 인하여 직, 간접 관리비가 늘어나게 됩니다. 따라서 생산원가를 줄이기 위한 자동화기술과 Outsourcing을 기반으로 한 SCM 등의 SYSTEM 구축 및 활용이 전제가 되어야 합니다. 규모 변화에 따른 관리 포인트를 아래 [그림 1-1]에 요약, 도식화 하였습니다.

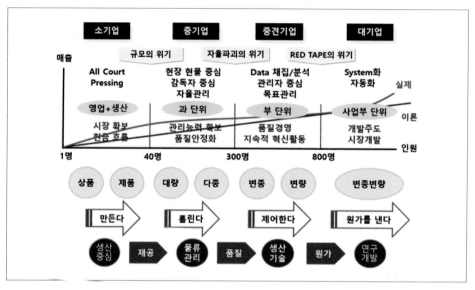

그림 1-1   규모변화에 따른 관리 포인트

대기업은 조직과 시스템으로 운영이 되므로 제외시키고, 소기업에서 중견기업으로 규모가 발전해 나가는 과정에서 공장경영과 생산현장 운영에 관한 부문별 포인트를 아래 도표에 정리하여 보았습니다.

[표 1-1] 공장경영과 생산현장 운영에 관한 부문별 포인트

순	구분	소기업	중기업	중견기업
1	공장규모	40명 이하	40명~300명	300명~800명
2	경영단계	TOP의 직접 경영	課 중심 관리단계	部 중심 통제 단계
3	경영핵심	현금흐름, 시장확보	수량증대, 생산성 향상	품질보증 및 향상
4	경영자의 기능	창의력 주도	지시 및 통제	권한 위임
5	현장운영 핵심	관리자 양성	관리자 능력 개발	전사적 혁신 활동
6	현장통제 포인트	경험, 관능, 기술	품질 안정화	품질보증 및 향상
7	생산정보 관리	기억, 현물 중심	가시관리 중심	통계적 분석

2 | 생산 현장의 3가지 관리기능

공장의 규모가 작든 크든 간에 우리 생산현장은 영업에서 수주정보를 받아서 부하를 산출, 조정하여 생산현장에 생산지시를 하고, 공정(Routing)을 흘러가는 물(Work)의 Leadtime을 통제, 제어하여 납기에 맞춰 고객에게 보내는 생산관리기능과 작업자나 설비가 표준작업을 수행하여 양품을 만들고(작업관리) 만들어진 부품이나 제품이 공정을 흐르면서 생기는 운반과 대기를 통제하여 정물일치를 시키는 (공정관리) 생산수행 기능이 존재합니다.

1 생산관리 기능

아래 [그림 1-2]와 같이 생산관리 기능이란, 고객에게 받은 수주정보로 부하를 산출, 조정한 후에 납기와 리드타임을 중심으로 서열화하여 생산현장에 지시를 하고,

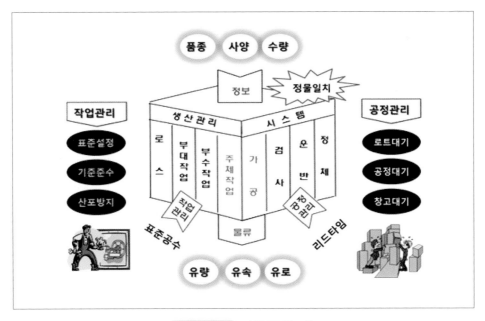

그림 1-2   생산관리 기능

공정을 흐르는 물을 작고 빠르게 통제하는 기능을 말합니다. 생산수행 기능인 공정 관리와 작업관리는 현장에서 현물로 눈에 잘 띄게 되지만, 상대적으로 생산관리 기 능은 변종 변량으로 규모가 변화하게 되면, 물의 흐름에 이상이 생겨도 눈에 잘 보 이지 않기 때문에 실시간으로 현물중심의 통제나 조정이 힘들게 됩니다. 여기에 눈 에 보이지 않는 지시정보와 현물흐름을 눈에 보이게 하여 통제하는 도구로서 도요 타의 간반(kanban)이 태동되었으며, 이 간반을 이용하면 생산지시정보와 현물을 1:1로 정물일치를 시킬 수 있는 훌륭한 도구가 됩니다.

2 작업관리 기능

작업관리는 가공이나 조립과정에서 기준이나 룰을 표준화 시켜서 [그림 1-3]에 서처럼 생산시간과 대기재공 및 작업순서를 잘 준수하도록 히여 생산수행중의 작 업산포를 제어 통제하는 기능을 말합니다. 작업을 제대로 수행하도록 하는 생산기 준이 작업표준서이고, 직업올 표준대로 수행하여 산포를 없애는 인자가 표준작업 입니다. 표준작업의 요소는 [그림 1-3]과 같이 ⓐ 표준시간(Cycletime) ⓑ 표준재공 (W.I.P) 및 ⓒ 표준공순(Process)인 것입니다.

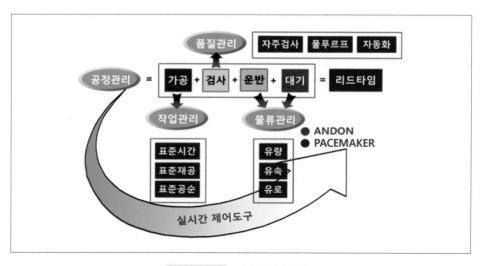

그림 1-3   작업관리 기능

❸ 공정관리 기능

공정관리기능은 운반과 대기(작업 중에서 Lotsize 차이로 생기는 로트대기와 공정 간의 Capa 차이, 조업도 차이로 생기는 공정대기 및 수주정보의 불확실성 및 변동으로 생기는 창고대기)를 통제하여 유속과 유량과 유로를 조정·관리하는 조건제어 및 물류통제 기능을 일컫는 것입니다. 이 두 가지 기능을 현장에서 실시간으로 쉽게 제어하기 위한 도구가 Pacemaker와 Andon입니다. 이 도구를 통해서 이상을 제어·조정하여 양품을 만들고, 제조리드타임을 줄여나가는 기능이 공정관리 기능입니다. 공정관리는 조직규모가 중견기업으로 갈수록 품질관리기능이 중요하게 되며, 이 품질관리 기능을 원활하게 수행하여 부적합품이 유출되거나 재발이 되지 않게 하기 위해서는 공정에서 자주검사를 실시하여 후공정으로 부적합품이 유출이 되지 않도록 하는 Fool-Proof와 자동화(自働化)기능을 공정 내에 심어서 "Built In Quality"가 되도록 체계와 도구를 만들어 넣도록 해야 합니다.

3 | 생산수행 기능의 효율화 및 정착화 포인트

[그림 1-2]와 [그림 1-3]과 같이 생산관리 및 생산수행 기능을 잘 수행하여 효율성을 높이려면 무엇보다도 기능을 수행하는 방법이나 도구가 [그림 1-4]와 같이 ⓐ 실시간(Realtime)이어야 하고 ⓑ 선택과 집중을 통하여 차별화, 단순화가 되어야 시간적으로 여유가 생기며 ⓒ 변종 변량에 쉽고 빠르게 대응하기 위해서 생산관리 기능이 용이화되어야 하며 마지막으로 ⓓ 이상을 즉석에서 누구나 알 수 있도록 도구를 삽입하여 가시화 시켜야만 공유화가 됩니다. 상기의 4가지 조건이 갖추어지지 않으면 생산수행이 힘들고, 효율도 저하됩니다.

그리고, 이 4가지 조건이 갖추어져도 이것을 제대로 수행하려면, 감독자를 육성하여 자주 관리가 되게 함과 동시에 도구나 Sensor, HMI 등을 이용할 수 있는 생산기술력도 배양되어야 합니다. 그리고 수행과정에서 수주 변화를 흡수하고 현장의 대기재공을 저감하기 위해서는 품목과 설비가 정류화되고 생산방법도 흐름화, 평준화가 되도록 해주는 동시에 이상 발생을 생산수행 도중에 실시간으로 알 수 있도록 해야 합니다.

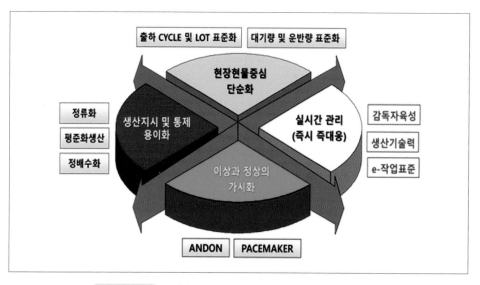

그림 1-4   생산수행 기능의 효율화 및 정착화 포인트

이러한 수순과 방법을 거쳐서 생산현장을 변화시키는 과정에서도, 현대의 다변화시대에 가장 먼저 단순화시켜야 하는 것은 [그림 1-5]에서와 같이 생산지시를 하는 방법을 단순화하여서 진도관리가 실시간으로 현장에서 현물로 보이도록 하여 신속히 조정되도록 하는 것과 양품보증을 위한 품질특성치(C.T.Q : Critical To Quality)를 도출하여 단순화시켜서 조건이 벗어나면 즉시 가시화되고, 자동제어가 되며 실시간으로 공유화 되도록 도구(Fool Proof 및 자동화(自働化))를 삽입하도록 해주어야만 정착이 빠르게 됩니다.

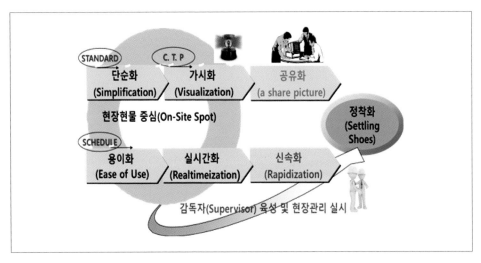

그림 1-5   생산지시의 단순화 및 통제의 용이화

4 | 생산현장 운영 주체인 관리감독자의 임무와 업무

생산시스템이 효율적으로 운영되기 위해서는 영업, 생산, 구매, 관리 등의 부서가 서로 횡적으로 유기적인 결합체를 이루어서 목표지향적인 일을 해야만 합니다. 또한 각 부서 내부에서는 임원과 관리감독자 및 작업자가 서로 지시와 보고, 상명필달 등의 종적인 미션과 업무가 잘 어우러져야만 최적의 시스템으로 지속이 됩니다. 그 중에서도 중간관리자 및 감독자의 미션과 업무를 설정하고 준수하는 것이 상하 연결고리 역할로서 매우 중요하게 작용됩니다.

1) 중간관리자는 Change Leader로서, 내일을 준비하는 변화의 주역입니다.

관리자의 어원인 Manager는 사람을 뜻하는 Man과 육성하고 가르친다는 뜻의 Aging과 사람을 뜻하는 접미사 er의 합성어로서 "사람을 가르쳐서 활용하는 사람"이란 어원을 가지고 있습니다. 따라서 관리자는 아래 [그림 1-6]에 기술한 것과 같이 인재를 육성하고 표준을 만들어서 생산시스템을 지속적으로 개선하면서 내일을 준비해 나가는 사람이라고 하겠습니다. 그러므로 세부적인 하루하루의 실무에 충실하는 것도 일을 해나가는 방법이긴 하겠습니다만, 업무의 효율을 극대화시키는 것에서는 조금 벗어난 행위가 되겠습니다.

2) 현장감독자는 생산현장 책임자로서 오늘의 업적을 중시하고 성과를 내는 사람입니다.

　　감독자의 어원인 Supervisor 또는 Controller라는 어원이 있습니다. Supervisor는 Super 즉, 뛰어넘는다는 뜻의 초(初)라는 접두사와 Vision 즉, 눈이라는 명사와 사람을 뜻하는 접미사 er의 합성어로서 "현장을 눈에 보이게 하여 관리하는 사람"이라는 뜻을 가지고 있습니다. 또 한가지 Controller는 Contra 즉, 비교하다는 뜻의 접두사와 Roll 즉, 두루마리라는 명사와 사람을 뜻하는 접미사 er의 합성어로서 "표준과 비교하여 이상이 발생되면 원상 복귀시키는 사람"이라는 뜻을 가지고 있습니다. 따

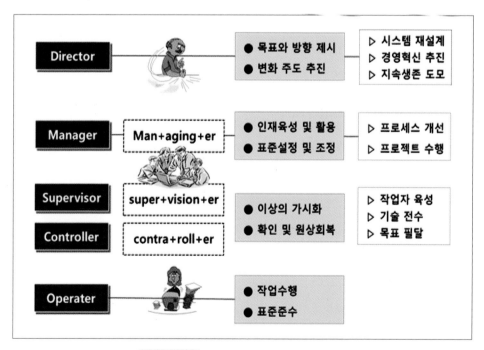

그림 1-6　관리감독자의 임무와 업무

라서 현장감독자는 이상이 보이도록 현장현물을 가시화하고, 이상이 발생되면 즉시조치(원상회복)시키는 사명을 가지고 있습니다. 또한, 현장책임자로서 부하를 육성하고, 자신이 습득한 현장생산기술을 전수하며, 오늘 지시받은 목표를 반드시 달성해 나가는 업무를 하는 사람입니다.

　생산현장 경영 및 관리감독 체계를 아래 [그림 1-7]에 도식화하여 정리하였습니다.

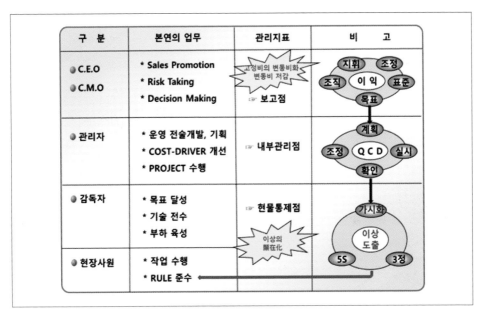

　　　　그림 1-7　　생산현장 경영 및 관리감독 체계

02
CHAPTER

생산시스템 수행 원칙과 전략

1 | 생산 System 수행 기본 원칙

기본원칙 1 영업에서 오는 물동량 부하를 평준화한 후에 생산한다.

일별 생산공수를 보유능력에 맞추어 평준화 하여야만 잔업, 철야, 특근 등의 순간 과부하를 해소하고, 한편으로 정규시간 동안의 물동량이 되지 않아 라인을 세우는 일을 없애므로써 원가를 보존한다.

- 먼저, 일평균화 한후에, shift나 lotsize 기준으로 다cycle화 하고 마지막으로 평준화 한다.
- 소로트나, 평준화로 진행하기 위해서는 "공정변경시간"을 지속적으로 단축하도록 한다.

기본원칙 2 생산 로트는 가능한 한 작게하여 회전율을 높인다.(소로트 다회전 생산)

■ 왜 소로트로 만들어야만 하는가?

대로트로 생산하면, 각 공정 내에서 생산기간이 길어져 생산리드타임이 길어진다. 또한, 로트 완성까지 각 공정 내에 대량의 준비 및 로트 대기가 발생하여, 그것이 품종변동에 대한 생산 탄력성을 저하시키고 대기재공(W.I.P)을 유발하게 한다.

- 소로트 생산 방법
  ① 조립은 원터치(One Touch) 준비교체를, 가공은 싱글(Single) 준비교체를 목표로 제품의 판매속도에 맞는 생산방법을 선택
  ② 라인간 1개(1SET) 흘리기와 CYCLE TIME에 맞는 운반추진
  ▶ 공정간 운반 → 정량 운반(도구의 정배수화로 회전율 증대)
  ▶ 공장간 운반 → 정기 운반(납기 중심의 필요량 운반)

기본원칙 3 팔리는 속도에 맞추어 생산한다.

- 겉보기 능률 : "CYCLETIME 생산"

실제 팔리고 있는 것은 하루에 100개 임에도 불구하고 능률 혹은 가동률을 올리기 위함이든가, 아니면 같은 인원으로 더 만들 수 있다고 하여 120개나 만들어놓고서 능률이 20% 올랐다고, 기뻐하는 것은 재료비나 노무비만 더 투입되고, 대기재공을 관리하기 위하여 적치장과 파레트 등도 더 소요 되어서 낭비만을 가중시킨다.

- 진정한 능률 : "TACTTIME 생산"

생산의 경우 가장 필요한 것은 판매 동향에 맞춰 생산하는 것이다. 팔릴 양 만큼만을 만든다고 하는 기본에 충실하여, 사람과 설비 및 장소와 도구 등을 최소화 시키는 것만이 원가를 만들어내는 것이다.

[표 2-1] CYCLETIME 생산과 TACTTIME 생산의 비교

구분	CYCLETIME 생산	TACTTIME 생산
개념	공정의 능력에 맞추어서 생산한다	수주량 만큼만 생산한다
정의	설비나 공정에서 1개를 생산하는 능력 시간	조업시간을 수주량으로 나누어서 산출 되어지는 1개 당의 생산시간
비고	가동률 중시 사상으로서 불필요한 대기 재공이 생기게 된다	판매속도에 맞추어서 생산하므로서 대기재공이 없으나, 공정 변경이 많게 됨

2 | 생산시스템을 변화시키는 철학과 사상

1 생산현장 운영 철학

첫째 : 지속 경영을 위해서는 생산현장의 낭비를 도출시켜서 제거해 나가는 활동을 꾸준히 해야 한다. 그러기 위해서는, 스스로가 목표와 방향을 정하고 반드시 해내는 인재를 육성한다. ["물건 만들기는 곧, 사람 만들기이다"라는 인재육성 철학]

- 인재를 육성하여 일하는 방법을 개선해 나가도록 학습조직과 현장풍토를 만들어 간다.
- 현장 SKILL 교육 Cycle : 해보고-해보여주고-하게하고-확인한다.
- 현장 SKILL 교육 방법 : OJT(On Job Training), Training Center 교육(Off Job Training) 도제제도(Mento-Mentee) 및 다기능 교육, 제안제도 등을 접목하여 실천한다.

둘째 : 고객에게 100% 양품을 제공하기 위한 고객 만족 사상만이 이익을 가져오는 지름길이다. [정시정품과 양품보증을 기반으로 하는 고개만족 철학]

- 지금 후공정이 필요한 것이 아니라면 절대로 생산하지마라 – 정시(定時) 정품(定品) 사상
  이를 위해서 현장에서는 과잉, 선행, 예측생산은 절대로 해서는 안 된다.
- 후공정 작업자가 생산하기 쉬운 가장 좋은 제품을 만들어 보내도록 한다. – 양품(正品)보증 사상
  - 검사방법 : 불량을 후공정으로 흘려보내지 않기 위해서는 전수검사가 기본이다. 가공공장에서는 로트선별로 전수검사를 갈음한다.
  - 공정조건 : 품질특성치(C.T.Q)에 대한 공정관리항목을 설정하여 C.T.P를 만들고 통제한다.

셋째 : 매출이 제한되어지는 극한 경영 환경에서 고정비를 변동비화시켜서 원가를 유지 시켜 나가는 경영마인드를 추구한다. [한량경영(限量經營) 철학]

2 생산현장 개선 사상

이러한 철학을 근간으로 변화의 연속인 경영환경에서 "나부터 솔선수범하고 개선하여 이를 표준화 한 후, 현장을 변화시켜 나가는 사상으로는

- 개선사상 1 : 기준과 규칙(Rule)과 목표를 가지고 일을 해 나간다!
- 개선사상 2 : SYSTEM을 만들어서, TEAM으로 일을 해 나간다!
- 개선사상 3 : 실시간, 현장현물 중심으로 진인을 찾아서 개선 해 나간다!

개선사상 3가지를 종합하면, 기준을 설정(표준)한 후에, 가르쳐서 모두가 알게 하여 수행하기 쉽도록 단순화하고 간편 도구화를 해나가는 과정(표준화)을 거쳐서 이상을 실시간으로 한 눈에 쉽게 알 수 있도록 하여 지속적으로 진인을 찾고 개선해 나가는 활동을 통하여 생산현장이 정착화가 된다는 사상.

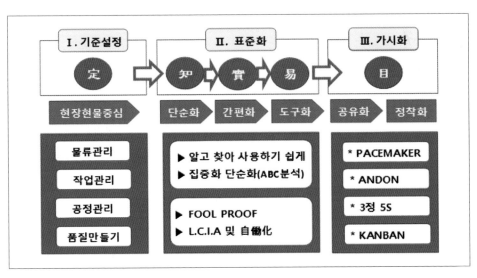

그림 2-1   생산현장 개선사상

3 생산현장 개선 방법

원가를 개선하기 위해서는 낭비(LOSS)를 눈에 드러내어서 지속적으로 개선해 나간다.

- 가시관리의 원칙 : 실시간(Realtime)관리를 위해서는 반드시 "눈으로 보는 현장"을 구축한다.
- Line Stop의 원칙 : 낭비(이상과 부적합)가 발생되면 공정이나 설비를 세우고 진인을 도출하여 재발방지가 되도록 한다.
- 정물일치의 원칙 : 생산지시 정보와 현물흐름을 1:1로 가시화시켜서, 선행, 과잉생산을 통제한다.
- 3현주의 원칙 : 현장에서 현물을 보면서 현상의 요인을 찾아내어서 낭비를 개선한다.

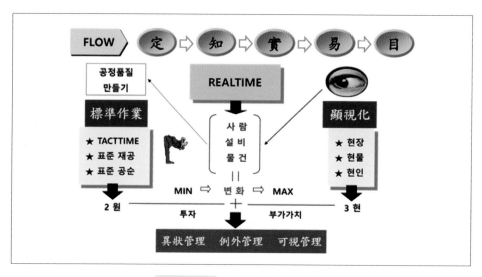

그림 2-2   생산현장 개선방법

3 | 생산시스템 수행 차별화 전략

1) 업무를 효율적으로 수행하기 위해서는 선택과 집중으로 업무를 차별화 관리한다.

■ 제품 및 자재(부품)의 차별화 전략

• 수량중심의 차별화 : PQ/ABC 분석

[표 2-2] PQ/ABC 분석

구분	제품 PQ/ABC 분석	부품 ABC 분석
목적	제품의 생산패턴을 파악하여 생산전략 수립 및 적용 • 다품종소량 중품종중량 소품종다량 구분 운영 • 콘베이어 방식 셀라인방식 등으로 구분 운영	부품이나 자재의 속성을 등급화하여 관리의 차별화와 발주정책의 수립 및 운영 목적 • 관리의 간소화, 집중화, 적정화로 나눠서 운영 • 정기부정량 정량부정기 중 택일하여 운영
분석	제품종수(P)와 제품수량(Q)의 비율분석을 통한 생산패턴 분류 • P : Q = 2 : 8 ↑ 소품종다량 패턴 • P : Q = 3 : 7 ↑ (준)소품종다량 패턴 • P : Q = 4 : 6 ↓ 다품종소량 패턴	부품/자재의 소요금액을 중심으로 분류 • 소요금액의 70%까지 A 등급으로 분류 • 소요금액의 90~95%까지 B 등급으로 분류 • 소요금액의 100%까지 C 등급으로 분류
용도	라인구성 및 생산전략 • A 등급 : 계획생산, 전용라인, 관리 간소화 • B 등급 : 후보충생산, U-LINE, 적정관리 • C 등급 : 수주생산, CELL LINE, 집중관리	품질보증 및 향상 • A 등급 : 정기부정량발주, 관리의 집중화 • B 등급 : 정량부정기발주, 관리의 적정화 • C 등급 : 빈 방식, 콕 방식, 예탁 방식 등으로 발주 관리하고, 관리의 간소화 도모

[표 2-3] 생산시스템 차별화 전략

구분	제품 차별화 관리		자재 차별화 관리	
분석 방법	제품 PQ 분석		자재 ABC 분석	
	A 등급 : 70%까지, B 등급 : 90~95%까지, C 등급 : 나머지			
관리 방법	중점관리	간소화관리	중점관리	간소화관리
	C 등급 제품	A 등급 제품	A 등급 자재	C 등급 자재
비고	적정재고보유	최소재고보유	적정재고보유	최소재고보유

- 금액중심의 차별화 : 포트폴리오 분석
  ① 목적 : 한계이익이나 부가가치가 큰 품목의 비율이 적은경우 이 비율을 늘리는 경영 및 판매 전략을 수립하여 실천하고자 하는데 있다.
  ② 방법 : 보유제품 전체의 평균부가가치율(bar-X)과 평균한계이익율(bar-Y)을 중심으로 보유제품 그룹별 그리고 각 그룹 내의 제품별로 포트폴리오 분석을 실시한다.

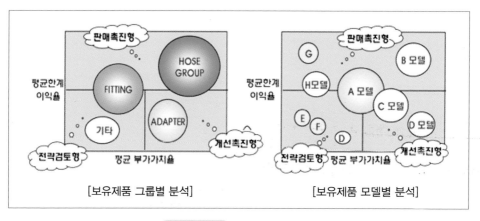

그림 2-3   보유제품 분석

- 부가가치율 : (매출액−재료비)÷매출액
- 한계이익율 : (매출액−재료비−변동가공비)÷매출액
- 판매촉진형 : 한계이익율과 부가가치율 모두가 평균 이상인 그룹으로서, 보통 점유율이 통상 60%~70% 정도가 되도록 목표를 설정하고 시행한다.
- 개선촉진형 : 부가가치율이 평균이상이나, 한계이익률은 평균 이하인 그룹으로서, 보통 점유율이 통상 20%~30% 정도가 되도록 목표를 설정하고 시행한다.
- 전략검토형 : 한계이익률과 부가가치율 모두가 평균 이하인 그룹으로서, 보통 점유율이 통상 10% 이하가 되도록 목표를 설정하고 철저히 조율, 조정하고 통제한다.

■ 생산계획 수립 및 통제 방법에서의 차별화

[표 2-4] ABC 등급별 차별화

구분	생산 차별화	생산지시 및 통제 방법
A 등급	계획 생산	전용설비로 일별 지시에 의한 연속생산 실시
B 등급	LOT 후보충 생산	후보충 지점에 도달하면 1회 생산로트만큼 후보충
C 등급	수주 생산	수주량 또는 단중만큼 철저히 통제하여 생산실시

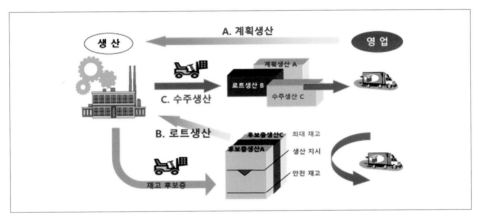

그림 2-4   ABC 등급별 차별화

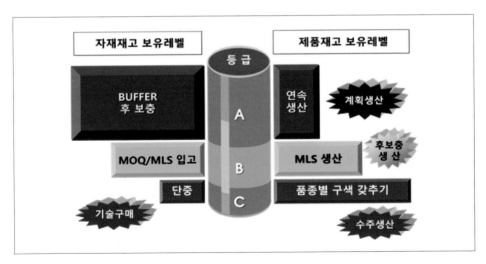

그림 2-5   생산계획 차별화에 따른 자재 및 제품재고 보유 레벨

■ 공정 및 설비의 차별화 전략

[표 2-5] 차별화관리

구분	공정 차별화 관리		설비 차별화 관리	
분석 방법	• ROUTING 분석 • LOAD 분석		• PM 분석 • MRO 기자재	
	중점관리	간소화관리	중점관리	간소화관리
관리 방법	병목 공정	여유 공정	A 등급 설비 (치명 고장)	C 등급 설비 (조기복구 가능)
	분기점 공정			
	수렴점 공정			

4 | 생산시스템 개선 수순과 테마

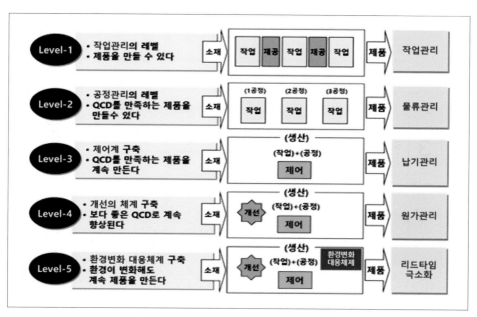

그림 2-6   생산시스템 개선 수순과 테마

5 | 생산시스템 운영 방법의 변화 단계

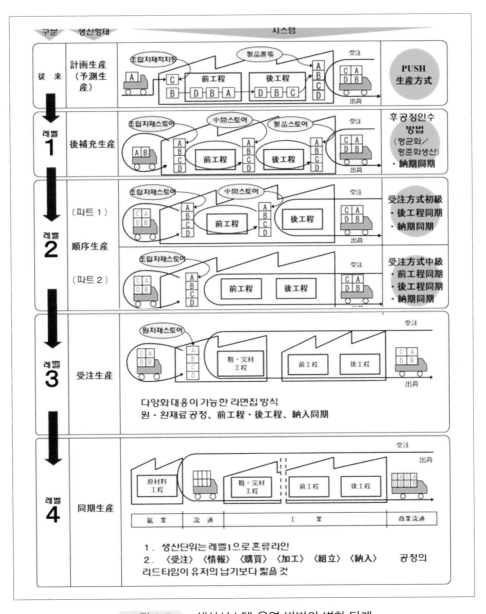

그림 2-7 생산시스템 운영 방법의 변화 단계

03
CHAPTER

생산시스템별 운영 포인트

1 | 생산시스템 분류 기준과 방법

생산시스템을 분류하는 기준은 첫 공정(투입공정)의 품목수와 중간공정의 품목수 및 공정의 분할과 합병, 마지막 공정의 품목수 3가지 요소로서 구분한다.

- 첫 공정에서 중간공정을 거쳐서 마지막 공정으로 흐르는 품목의 수가 늘어나면 V형 패턴임
- 첫 공정에서 중간공정을 거쳐서 마지막 공정으로 흐르는 품목의 수가 줄어들면 A형 패턴임
- 앞 쪽에 배치된 공정은 설비중심의 전용부품을 생산하고, 뒤 쪽에 배치된 공정은 공용부품을 조립 또는 가공하는 패턴은 T형 패턴임
- 전·후 공정이 동일한 품목이 변형되어가는 패턴은 I형 패턴임

위에서 기술한 기준으로 분류된 각 생산시스템에 대한 Buffer 위치와 특장점을 알아보도록 하자.

1 각 형태별 물류흐름도 및 제약공정과 Buffer 위치

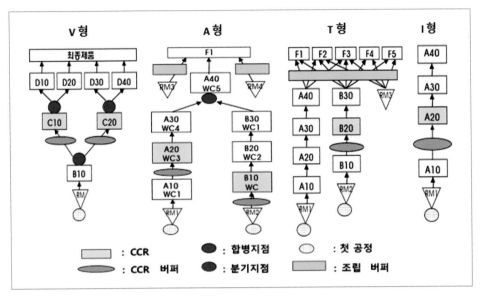

그림 3-1   각 형태별 물류흐름도 및 제약공정과 Buffer 위치

2 각 형태별 물류흐름에 대한 특장점 비교

[표 3-1]   각 형태별 물류흐름에 대한 특장점 비교

구 분	V 형	A 형	T 형	I 형
물류형태	후 공정으로 갈수록 품목수가 많아짐	후 공정으로 갈수록 품목수가 적어짐	후공정(조립)은 공용부품을 많이 사용	전, 후 공정의 품목수가 모두 같음
공정특징	원자재, 반제품을 여러가지 형태의 완성품으로 생산	전용부품을 조립하여 소품종 주문생산	조립공정이 분기점 공용부품 사용 생산	옵션 등에 의하여 분기점은 있으나, 품종수 변화가 없음
대표산업	철강, 섬유, 화학 등의 자본집약적 산업	항공기 발전기 엔진 등 노동집약적 산업	자동차, 가전제품 및 전기 응용 기기	전, 후공정흐름이 동일하면 V, A, T형의 특장점 공유함
특장점	일반 소비자 상품 타공장 부품 생산	비교적 소량 생산	선택사양이 많은 소비재 품목 생산	

2 | 각 생산시스템별 세부 관리 및 통제 포인트

2.1 V-PATTERN 공장

1 V-PATTERN 공장의 특성

- 원자재 수에 비하여 완성품의 품종수가 더 많다.
- 모든 품종이 Routing만 다르지 거의 비슷한 제조공정을 흐른다.
- 분기점(Divergent Point)이 많다.
- 공정중의 대기재공(W.I.P)과 완성품의 재고가 많다.
- 많은 재공재고를 가지고도 후 공정 또는 납품처의 납기를 못 지키는 이유는 수요변동 때문이라 생각한다.
- 주문에 대한 납기가 틀어지거나 잘 지켜지지 않는다.
- 전문화된 고가의 장비가 많이 필요하고, 유연성이 떨어진다.
- 인건비를 줄여야 한다.

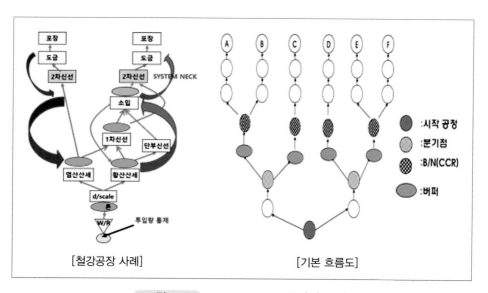

[철강공장 사례]　　　　　　　　[기본 흐름도]

그림 3-2　　V-PATTERN 공장의 특성

2 **V-PATTERN 공장은 자재할당 오류로 인하여 생산리드타임이 길어지는 문제점을 내포하게 된다.**

- 주문과 다른 엉뚱한 일을 하느라 작업부하(load)가 많이 걸린다.
- 이를 모르고 하는 것은 아니고, 작업효율향상과 목표수율 달성을 하려고 그렇게 한다. 따라서, 공정에서 제조수율과 가동율을 올리기 위하여 생산 MLS를 키우는 경향이 많다.
- 생산 우선순위가 자주 바뀌고, 편중생산이 발생되게 되어서, 리드타임을 예상할 수가 없고 납기준수도 어렵다.

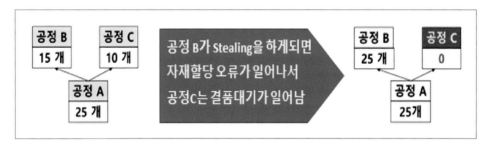

그림 3-3   V-PATTERN 공장의 문제점

- 자재 할당 오류(Stealing)는 주로 분기점 공정에서 자주 발생 됨
- 자재 할당 오류로 인하여 재고과잉과 결품대기가 교차 발생되게 됨
- 그로인하여, 재투입 또는 긴급생산이 재발되게 됨
- 생산부서는 수요변동에 불만이고, 영업부서는 생산리드타임이 길다고 불평한다.

3 **V-PATTERN 공장의 운영상 오류점(관습적으로 잘못하고 있는 점)**

고객의 납기만족과 제조원가 절감에만 초점을 맞추어서 운영하고 있어서
- 납기만족 증대를 위하여 창고에 많은 재고를 유지하거나
- 제조원가 절감을 위하여 설비의 전문화, 자동화로 범용성과 유연성을 상실

하거나 수율향상 및 스크랩 감축 추진으로 불요품을 증대시키는 오류가 많다.

● ROI에 대한 실망과 좌절로 많은 재고를 유지하면서도 납기준수가 어렵고, 그로 인하여 경영 개선 활동에 대한 냉소적인 시각이 팽배하여져 있다.

4 V-PATTERN 공장의 경영관리 포인트

■ 포인트 1 : 고객만족은 생산LEADTIME 단축으로 구현한다.

● 공정중 대기재공(W.I.P) 줄이기 ↔ 완성품 재고 유지

 - 적절한 완성품 재고를 유지함으로써 대기재공을 줄여나간다.
 - 분기점 공정의 소요량 인수를 철저히 준수하여 Stealing을 방지한다.
 - Buffer Stock의 활용으로 예측생산, 과잉생산, 선행생산을 통제하다.

■ 포인트 2 : 생산원가 절감은 수익에 미치는 영향이 없는 곳에서 시행한다.

● 제약자원(Bottle Neck 공정)은 Capa 증대를 추진하는 반면에 비용절감은 비제약자원에서 실시한다.

■ 포인트 3 : 현물에 대한 통제점은 다음 3곳이다.

● 첫 공정 : 필요량 및 투입 시점 관리
● 분기점 공정 : 현물이동점 가시화 및 Stealing 방지
● 제약 공정 : 대기 Buffer의 유지 및 가동율 증대 도모

2.2 A-PATTERN 공장

1 A-PATTERN 공장의 특성

● 많은 부품들을 조립하며 소품종 주문생산이다.
● 조립공정이 수렴점(Convergence Point)이며 이곳을 통과하면 품목수가 급격히 줄어든다.

- 구성부품은 대부분 전용부품이다.(T-PATTERN 공장과 큰 차이점)
- 각 부품의 가공Proceee가 서로 다르다.
  - 여러 공정을 거치기도 하고, 1개~2개 공정을 거치기도 한다.
- 범용설비 또는 범용 치공구가 많이 사용된다.(V 공장과 큰 차이점)
  - 같은 부품이 같은 설비에서 여러 차례 가공될 수 있다.

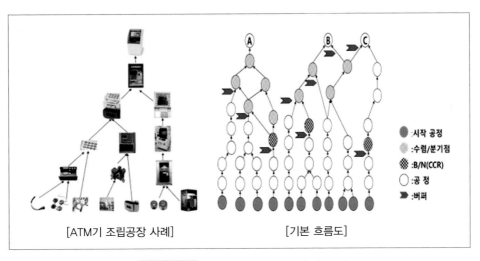

[ATM기 조립공장 사례]   [기본 흐름도]

그림 3-4   A-PATTERN 공장의 특성

2 A-PATTERN 공장은 전공정의 LOTSIZE 차이로 자공정의 "Set Unbalance 대기"가 생긴다.

- Set Up 횟수를 줄여서 원가를 낮추려고 Batch Size를 키운다.
- 이를 모르고 하는 것은 아니고, 작업효율(efficiency)과 설비가동율 향상을 하려고 그렇게 한다. 따라서 공정에서는 설비가동율 증대와 개당 조립공수삭감 MLS(Minimum Lot Size) 키우기를 도모하게 된다.
- 이 때문에 다른 부품의 가공시간이 줄게 되어서 조립부품의 짝이 맞지 않게 된다. 그러므로 자공정은 "잔치 아니면 굶기" 또는 "결품과 독촉"이 반복 발생하게 됨.

- 조립일정에 맞추어 독촉하면 자재더미가 불규칙하게 파도처럼 흘러간다. : 병목 이동현상이 발생되게 된다.

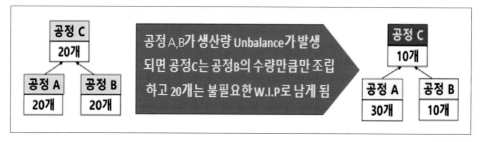

그림 3-5   A-PATTERN 공장의 문제점

- 전 공정의 수량 Unbalance로 인하어 조립공정이 결품에 시달린다.
- 결품때문에 자원가동율이 낮아지거나, 예정에 없던 잔업이 많아지게된다.
- 따라서, 자원가동율이 낮은데도 잔업이 발생되거나, 과잉재고인데도 결품에 의한 긴급생산 독촉에 시달리고 있다.
- 관리자는 그 이유를 정보시스템(공정계획) 부적합으로 돌리고 있다.
- 병목이 자주 이동하는 것처럼 보인다.

3 A-PATTERN 공장의 운영상 오류점(관습적으로 잘못하고 있는 점)

제품단위당 "원가절감"과 "작업 통제" 강화가 초점이다.

■ 원가절감을 위해서
- 작업 효율 향상
  - 직접인원의 노동생산성 향상
  - 낮은 가동율 때문에 잉여인원이 있다고 생각함
- 잔업 통제
  - 낮은 가동율을 이유로 승인하지 않음
  - 납기지연의 또 다른 원인이 됨

- 생산기술 향상
  - 직접인원을 줄이기 위한 자동화
  - 유연성 상실, 준비시간 증가, 자재 흐름 악화

- 통제 강화를 위해서
  - IT 기술과 정보화 추진
  - 자재 조달, 재고관리 시스템 등에 과잉투자
  - Don't automate mistake

- 노력은 많으나 성과 미흡으로 실망과 좌절
  - 새로운 경영 개선 활동 시도에 냉소적 분위기 팽배

4 A-PATTERN 공장의 경영관리 포인트

- 제약의 운용을 중요시하고, 이에 합당한 성과지표를 마련한다.
  - 잔업 통제보다 자재 투입시점(Timing)을 통제한다.
  - 생산 효율보다 작업서열 준수를 우선시해야 한다.
  - 제약자원의 생산성 증대 추진
- 제약자원이 여러 곳일 수 있다.
- 파도타기 흐름을 균일화하고 전, 후 공정간 연동된 흐름으로 바꾼다.
- 통제점은 다음 3가지이다.
  - 첫 공정 : 자재투입 시점 결정
  - 조립공정 : 필요 자재의 량과 SET 확보
  - 제약자원 : 숨은 자원 찾기

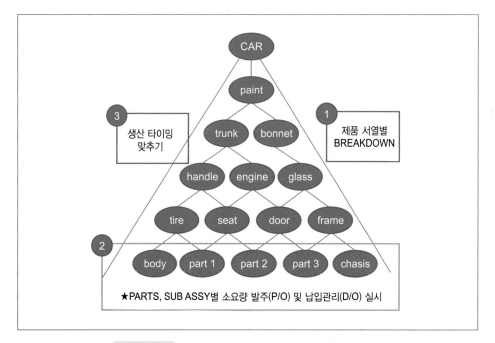

그림 3-6　A-PATTERN 공장의 경영관리 포인트

2.3　T-PATTERN 공장

1 T-PATTERN 공장의 특성

- 완성품의 품목 수가 매우 많다.
- 조립공장과 가공공장이 합해진 형태이다.
- 완성품을 재고로 유지하는 것보다 주문 조립 방식이 적용된다.
- 설비는 주로 범용이고, 공장도 다용도이다.
- 수요예측은 어려우며, 고객은 짧은 리드타임을 요구한다.
- 자재조달기간이나 부품제조기간이 고객 리드타임에 비하여 길다.
- 완성품 조립을 위해 중간제품(반제품) BUFFER를 미리 준비해 둔다.
- 공용부품 확보 현황, 생산 제품 배합, 제한된 설비 활용 등의 문제가 복잡하게 얽혀있다.

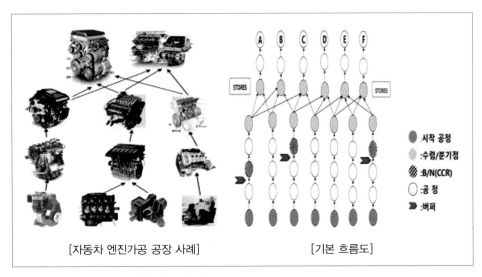

[자동차 엔진가공 공장 사례]　　　　　[기본 흐름도]

그림 3-7 　　 T-PATTERN 공장의 특성

2 T-PATTERN 공장은 Stealing으로 인하여 계획대로 생산하기가 어렵다.

- 조립공정을 놀리지 않기 위해 부품이 확보된 제품을 과잉생산한다.
- 다음 2가지가 모두 발생한다.
  - 납기 지연이 많다.
  - 납기보다 빨리 완성되거나 계획에 없는 제품이 생산된다.

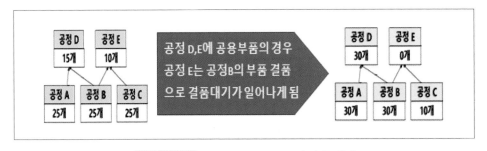

그림 3-8 　　 T-PATTERN 공장의 문제점

- 목표달성을 위하여 효율(efficiency)과 비용절감을 중시한다.
  - 가동률 향상, 원가 절감
- 한 곳의 Stealing은 다른 곳으로 전염되어, 항상 계획대로 생산할 수 없다.
- 조립공정에서 Stealing이 자주 발생한다.
- Stealing 때문에 완성품과 재공품의 불필요한 재고가 많다.
- 납기보다 빨리 만들어진 주문과 늦게 만들어진 주문이 교차 반복하여 발생되기 때문에 납기 준수율이 낮다.
- 자원 활용도가 기대에 미치지 못한다.
- 가공공장과 조립공장이 서로 손발이 안 맞아서 생산리드타임이 길다.

3 T-PATTERN 공장의 운영상 오류점(관습적으로 잘못하고 있는 점)

- 자재를 관리하고 통제하는 방법을 개선한다.
- 수요예측 기법을 찾는다.
  - 수요예측의 정도를 높이면 모든 문제가 해결된다고 생각한다.
- 투입자원의 생산성을 높여 원가를 절감한다.
  - 부분 최적화를 위한 성과지표가 사용된다.
  - 가동율, 노동생산성
- 성과에 대한 실망과 좌절
  - 많은 재고를 유지해도 납기준수는 요원하게 보임
  - 새로운 경영 개선 활동에 대한 냉소적 시각

4 T-PATTERN 공장의 경영관리 포인트

- 최종 조립공정에서 Stealing을 방지하는 것이 핵심이다.
  - 성과지표를 생산량, 생산금액보다 "정량 정시" 지표로 변경
- 조립공장과 가공공장 사이를 연동시킨다.
  - 부품이 제때 확보될 수 있도록 시간을 계획한다.

- 불필요한 활동이 (잔업, 독촉, 긴급생산, 재작업 등) 일어나지 않도록 미리 계산된 여유시간을 부여한다.
- 비용절감은 목표로 계획하지 않고, 계획의 결과로 보여준다.
- 통제점은 다음 3곳이다.
  - 첫공정 : 자재투입 시점 결정
  - 조립공정 : Stealing 방지
  - 제약자원 : 계획의 기준(MPS), 개선의 포인트

3 | 생산시스템 운영기준과 관리항목 비교(요약)

[표 3-2] 생산시스템 운영기준과 관리항목 비교

구분	V-TYPE	A-TYPE	T-TYPE

SYSTEM 운영기준	• 리드타임 단축을 통한 납품수행능력 향상
	• 생산비용의 절감
	   – 전반적 재고 수준 삭감
	   – 단위당 생산원가 저감
	   – 간접비의 분산
		• 생산비용에 대한 통제
		• 조립 구성부품에 대한 생산 동기화
		   – 가공 리드타임 기준 역산으로 싯점 통제
		   – 애로공정 잔업 통제 금지
			• 조립 가공 재고 삭감
			• 납품수행능력 향상
			• 가공의 리드타임 단축
			• 가공공정 자원이용도
			• 가공 조립 동기화

주요 관리항목	• 애로공정의 부가가치율
	• 애로공정 뒷 공정에서의 폐기율, 수율관리
	• 완제품 재고회전율
	• 생산 리드타임
		• 애로공정의 부가가치율
		• 애로공정 뒷 공정에서의 폐기율, 수율관리
		• 조립/비제약 공정에서의 잔업시간 통제
		• 결품률 또는 결품시간
			• 애로공정의 부가가치율
			• 납기준수능력
			• 조립의 선 조립 시간
			• 구성부품 재고활용도
			   – KIT율
			   – 재고회전율

참조문건 : KMAC TOC교재(2003년 정남기 교수 저)

04
CHAPTER
물류시스템 운영과 개선

1 물류관리 인자의 도출 및 이해

물류란 유량과 유속과 유로의 3가지 인자로 구성되어져 있다. 즉, 아래 [그림 4-1]과 같이 연속적으로 생산되어지는 Batch(Lotsize)가 얼마만한 속도(Tacttime 또는 Cycletime)로 만들어져서 Store나 Buffer에 대기가 되어 졌다가 어떤 현물이동점으

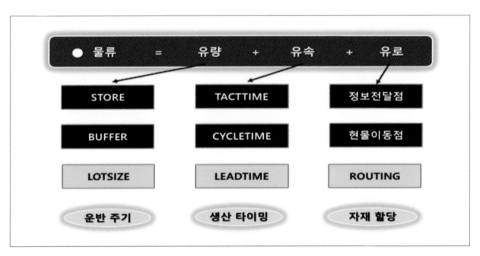

그림 4-1   물류관리 인자

로 흘러가는가? 를 정량적으로 나타내는 것으로, Lotsize와 Leadtime 및 Routing으로 구성 되어져 있다.

1 유량관리

품목별로 ABC Grade를 분류하고, 각 Grade에 맞는 품목별 표준 Lotsize를 설정하여 생산하여서 Store나 Buffer에 대기를 시켜두고 전, 후 공정간 운반주기(정시운반)와 운반량(정량운반)을 정하여서 이동시키도록 한다. 여기서 Lotsize와 운반주기에 편차가 생기게 되면, 공정에는 반드시 대기재공(W.I.P)이 생긴다.

2 유속관리

1) 유속관리의 중요성 이해

유속을 나타내는 생산지표는 Tacttime과 Cycletime이 있으며, Tacttime은 팔리는 속도를 나타내는 지표이고 Cycletime은 생산능력지표이다. 여기서, Tacttime이 Cycletime보다 작으면 결품대기, 크면 과잉재고가 생기게 됩니다. 따라서 전자의 경우는 설비를 추가로 증설하든가, 공정개선을 통한 Cycletime 저감을 추진해야 하며, 후자의 경우는 설비나 작업속도를 늦추어서 Tacttime에 맞추어서 생산해야만 재공의 통제가 가능해 집니다. 그런데, 여기서 우리가 아무리 제대로된 Tacttime생산을 한다고 해도 설비고장이나 일부 자재나 부품의 결품이나 불량이 발생되는 경우에는 대기가 생기게 됩니다.

Tacttime(만드는 시간)에다가 이러한 대기시간을 합한 시간을 Leadtime이라고 칭합니다. 그래서 속도를 나타내는 유속은 대표적으로 Leadtime(제조기간)으로 나타내고, 관리와 통제를 하고 있습니다. 그래서 Leadtime을 줄이려면 작업을 빨리하는 것이 아니라, 대기시간을 줄여주는 것입니다. 대기시간을 줄인다는 것은 대기재공을 저감시키고 제조기간을 빠르게 하여 납기의 원활성을 확보하는 바로메타입니다.

2) Leadtime(LT : 리드타임-제조기간)의 정의와 단축필요성 및 단축 방법

■ Leadtime의 정의

해당 LOT의 첫 번째 재료나 부품의 투입에서부터 마지막 공정에서 첫 번째 완성품이 나오는 데까지의 걸리는 시간으로서, 가공시간과 대기시간의 합계로 표시된다.

- 가공시간 : 재료를 변형시켜서 부가가치를 붙여 나가는 시간
- 대기시간 : 물건에 부가가치를 붙여나가지 않는 시간으로서 대기시간과 운반시간 및 검사시간의 합계로 나타낸다.
- Leadtime을 줄여서 현금흐름(Cash Flow)을 원활하게 한다.
  - A 공장 : 1톤을 100원에 구매하여 3일간 제조하여 200원에 팔았다.
    → 100원/톤 이익×120회전/년 = 12,000원 이익/년
  - B 공장 : 1톤을 90원에 구매하여 4일간 제조하여 200원에 팔았다.
    → 110원/톤 이익×91회전/년 = 10,010원 이익/년
  - Leadtime이 길면, Cash Flow(회전율)이 낮아서 웬만큼 자재를 싸게 사서 제조해도 이익이 적게 나게 됨

■ Leadtime의 단축법

- 첫 번째는 표준재공을 산출하여 통제하고, 준수해 나가야 한다.
  - 표준재공 산출 및 통제 : 1일 필요량(수주량)×공정 Leadtime
  - 1개(또는 1Set, 1 대차) 생산의 준수 : 1개(또는 1Set, 1 대차) "생산-검사-운반"의 풍토화, 정착화 추구
  - 3가지 제조악습의 탈피 : 예측생산과 선행생산 및 과잉생산을 철저히 배제하도 한다.
  - Linestop 실천 : 후공정 Store가 꽉 차면 앞공정은 세우도록 한다.
- 두 번째는 표준재공을 삭감해 나간다.
  - 공정대기량 삭감 추진 : 먼저 편성효율을 증대하여 공정능력의 편차를 저감하고, 그 다음은 공정대기를 흡수시킨 후에 공정자주검사를 강화하여서 부적합대기를 줄여나간다.

- 로트대기량 삭감 추진 : 먼저 준비교체(공정변경)시간을 지속적으로 줄여 나가서 공정변경 횟수를 증대하여 로트사이즈를 줄이고, 과잉생산을 통제하여 로트대기량을 점진적으로 줄여 나간다.
- 창고대기량 삭감 추진 : 우선적으로 임의생산이나 과잉생산을 통제하고, D/O(Delivery Order : 납입지시)정보에 대한 적중도를 향상시킨다.

3 유로관리

1) Routing을 관리해야 하는 이유

여기서, Routing이란, 수주정보가 입력되어서 Backward로 생산지시가 되고, 그에 따라서 현물이 이동되어지는 경로로서 ⓐ 분기점과 ⓑ 합병점이 생기고, 부하시간에 따라서 ⓒ bottleneck 공정이 변동되면서 나타나게 됩니다. 생산시스템에서 Routing이 중요하게 되는 이유로는 분기점과 합병점에서 자재의 stealing이 발생되고, 그에 따라서 결품과 긴급독촉이 교차로 발생되기 때문에 이것을 찾아서 관리 및 통제가 되어져야 제조Leadtime이 짧아지게 되며 부하시간이 가장 큰 공정이 시스템의 생산능력이 되게 됩니다.

$$\text{부하시간} = \text{해당 공정에 걸리게 되는 품목별 개당 } CT \times Q \text{의 합}$$
$$= \Sigma[CT(CycleTime) \times \text{수주수량}(Q)]$$

2) Routing을 통한 생산관리 및 통제 업무

- 화학습식과 Pail Pack 공정의 수주량 합계와 습식+Pail Pack 연동공정과 전기습식 공정의 수주량 합계를 합산한 량과 첫 공정(산세공정)의 생산능력을 비교하여 작은쪽의 것이 생산 가능량이 되므로, APS(Aggregate Production Schedule : 총괄생산계획)단계에서 생산가능량을 도출, 확정하도록 해야 한다.

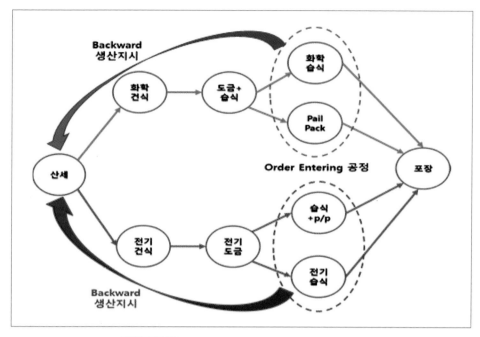

그림 4-2   K사의 CO2 LINE ROUTING 사례

- 분기점 공정 뒤쪽에 Buffer를 유지하여 후 공정의 Stealing을 흡수하도록 한다.
  - 산세공정과 도금+습식연동 공정 및 전기도금 뒤쪽에 Buffer Area를 설정 한다.
  - 단, 분기점 공정의 준비교체(공정변경)시간이 아주 작고, 생산능력이 클 경우에는 Buffer Area를 두지 않고 JIT 공급을 하도록 한다.
- 동일 Routing을 흐르는 품목의 대기재공(W.I.P) 최소화를 위해서는 공정간 Lotsize의 Balance가 맞아야만 한다. : 표준로트생산
  - 이 경우에도, 표준로트가 작으면 작을수록 리드타임이 짧아지고 다품종 소량 대응체계가 구축 됨

1) 생산현장은 '운반'의 집단으로 보아야 한다. 따라서 동선을 줄이는데 초점을 맞추자.
   - 운반이란 "비 부가가치 활동"이므로 줄이거나, 없애도록 해야 한다.
   - 물류의 종점은 다시 재출발점이 되도록 공정을 배치하도록 하자 : 통로를 중심으로 In/Out을 같은 쪽으로 하여 동선과 시간을 줄이도록 한다.
2) 생산현장은 '그릇(器)'의 집단으로 보아야 한다. 따라서, 각 그릇의 기능에 맞는 품목과 량을 담고, 그릇을 제자리에 정확히 두도록 노력해야 한다. 따라서, 이것이 '정용기-정량-정위치'라는 3정 활동의 모태사상이다. 구체적인 그릇의 형태와 기능은 뒷편에서 상세히 다루기로 한다.
3) 물건 만들기는 '흐름'의 조합이다. 물건은 '가공-검사-운반-대기'라는 프로세스를 반복적으로 거치면서 만들어지게 된다. 이 과정에서 대기라는 흐름은 비부가가치 행위이며 제조리드타임을 길게 하여 납기준수를 어렵게 하는 작업요소이다. 또한, 가공시간과 대기시간은 약 1 : 100 정도의 크기이므로 대기시간을 줄이는 것이 납기준수 및 매출증대의 지름길이 됩니다.

   - 대기 방지로 Leadtime 저감 시킨다. 이것은 현장의 대기재공을 줄이는 것이다.
   - 평준화하고 Tactime으로 생산하자. 자투리재공이나 대기재공이 쌓이지 않게 되어서 이익증대로 연결이 된다.

3 | 물류관리 12 원칙

1 용기는 폭을 좁게

설비, 장치와 마찬가지로 오퍼레이터가 관련되는 대상물의 가로 폭은 가능한 작

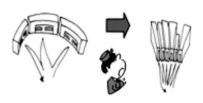

게 만들어야 한다. 특히 용기는 철저하게 실시할 것. 손주위 베스트 포인트로 연결되며 나아가 부품의 1개 흘리기가 가능해지며 그 결과 생산성으로 결부된다.

2 용기의 표준화

물건을 두거나 운반하기 위해서는 용기가 필요하다. 기본은 어디까지나 공정의 요구에 따라 박스 용기가 설정된다. 그러기 위해서는 박스 용기의 설정 매뉴얼이 필요해진다. 이 매뉴얼을 기준으로 용기의 종류를 너무 많이 해서는 안 된다. 운송 LCIA를 추진시킬 때에는 각 공정 독자적으로 수용수를 보고 용기를 결정할 것이 아니라, 15분, 30분, 1시단 단위의 수용수와 통일시키고 정배수로 표준화시킨다.

3 혼재 SET 운송대차

대차에 여러 종류의 부품을 적재하고 운송하는 방법으로 그것도 제품에 사용하는 비율(세트)로 운반할 것. 완재료 스토어, 기계가공 라인 스토어와 조립라인 간에 필요한 것을 최소한으로 같은 비율로의 혼재 세트대차가 공장 내 운송을 담당한다.

4 싣고 내리기는 일정하게

공장에는 물류기술이 요구된다. 거기에는 싣고 내리기가 있다. 열차에서 플랫폼의 이미지를 만드는 것이다. 대차와 스토어 라인 사이드 선반의 높이를 통일시켜 원터치로 싣고 내리기가 가능하도록 하면 된다. 싣는 루트와 내리는 루트는 별도(높이 또는 위치)로 하는 등 표준화를 도모한다.

5 START는 후공정부터

후공정 인수가 원칙이다. 모든 것은 후공정인 고객이 사간 후에 그 다음으로 '필요한 것을' '필요한 만큼' 사러가는(가지러 가는) 것이다. 즉 요구해야 되는 후공정이 스타트 포인트이며, 앞 공정에 가지러 가는 것이 중요하다.

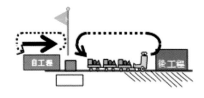

6 경로는 한 라인으로

복수의 앞 공정을 지정되어진 순서(경로)로 순회하여, 정해진 수 만큼 자공정의 생산순위에 필요한 종류의 부품을 모아서 세트, 정량, 순서 인수의 조합에 맞게끔 세분화된 혼재운반을 할 것. 그것도 한 라인선상에서.

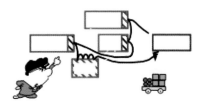

7 운반은 다회로

앞공정의 재공 재고량을 압축시키기 위해 운반빈도를 많이 할 것. 각 라인은 생산하는 부가가치를 높이기 위한 스페이스이지 재공을 쌓아두는 스페이스가 아니다.

8 이동 자동화

지혜로운 자동화를 추구하면 할수록 각각의 제품의 사용비율에 의해 많은 혼류 운반이 요구된다. 다회 혼재 세트운반이다. 단지 운송만으로는 코스트 업이 된다. 1포인트에서 1포인트의 자사제의 무인 운송차를 활용하는 것이다.

9 빈상자 회수도 흐름 중에서

빈상자의 관리, 회수도 고려한 운송시스템이 중요하다. 부품을 운송했다면 사용 후 반드시 빈상자가 발생할 것이므로 부품투입, 회수도 1:1의 비율로 흐름 속에서 이루어져야 한다. 5박스를 라인에 투입했다면 5개의 빈상자를 동시에 회수하는 체계가 요구된다.

10 부정기 정량 운반

자공정이 일정량을 사용한 시점에서 앞공정으로 가지러 가서 사용한 정량을 운송하고 올 것. 자공정에서 트러블이 일어나면 그 만큼 자동적으로 인수시기가 나중이 된다. 그 운송사이클은 차회 운송까지 사용되는 양으로 돌아올 때 다음의 정보(사용부품과 양)을 건네준다. 공장 내 스토어 라인 사이는 부정기 정량 운송방식이 된다.

⑪ 호이스트 · 크레인 · 포크리프트 배제

운반, 운송에 크레인, 호이스트, 포크리프트 를 사용하는 와중에는 개선이나 LCIA는 진척 되지 않는다. 왜냐하면 오퍼레이터가 한정(면 허제)되어 도구를 가지러 간다든지 1팔레트 단

위의 운반이 되어 안전면을 확보해야 되며, 운송 시에도 오퍼레이터가 동행하기 때 문에 부가가치가 제약된다. 앞으로 운송은 모두 대차방식으로 그 대차에 리프터를 붙인다든지, 롤러컨베이어로 이동시킨다든지 하는 지혜를 모아야 개선 LCIA가 진 척된다.

⑫ 창고를 走庫로 만들어라

공장 내에는 여러 가지 창고가 있다. 기본적 으로 공장 내에는 모두 부가가치를 낳는 장소 이어야 하므로 물건은 항상 움직여야 하며, 변 화되어야 한다. 구입했던 자원을 얼마나 빨리 팔 수 있는 상태로 만들어 가느냐(리드타임의 단축)가 중요하다. 공장에는 창고 따윈 필요하

지 않으며 끊임없이 움직이며 흘러가는 "주고"라면 좋다.

[일본 SPS 경영연구소 1997년도 발간 '지혜로운 간편자동화의 원활한 진행방법' p33~p34 인용]

4	공장내에서의 효율적 물류관리 방법

공장 내에서의 물류관리란, 어떤 용기에 몇 개씩 담아서 어떤 주기로 누가 어느 곳에 어떤식으로 두는가?를 표준화하는 것이다.

1) 어떤 용기에 담는가?에 대한 포인트

우선적으로 지게차, 전동차, 천정 호이스트를 배제시키고, Handy Carry가 가능하도록 아랫부분에 Urethane Caster를 부착시킨 운반구를 만들도록 한다. 단, 대형 중량물인 경우에는 지게차가 아닌 전용 운반구를 제작하여 사용하든가, Robot 운반구 등을 사용하여 운반과 공급을 대행하기도 한다.

- 소물이나 경량물인 경우에는 Caster를 부착한 운반대차 형태로 하여 운반구와 스토아를 겸용한다.

그림 4-3   소물, 경량물의 운반

- 대물이나 중량물인 경우에는 운반용 Robot이나 별도의 운반구를 이용한다.

그림 4-4   대물, 중량물의 운반

그 다음으로는 회수가 쉽고, 부피가 작게 되는 운반구를 처음부터 생각하여 제작, 운영하도록 한다. 공 대차가 된 경우에는 사이드가 접혀져서 여러 개를 포개어서 쌓아두었다가 한꺼번에 운반이 되는 운반구를 제작한다.

마지막으로는 흐름 중에 생산이 가능한 운반방식으로 도요타자동차에서 많이 사용하고 있는 이른바 우주선이나 해적선 방식과 같은 방법을 강구하여 운반시간과 공수를 줄이는 것이 원가절감이 된다.

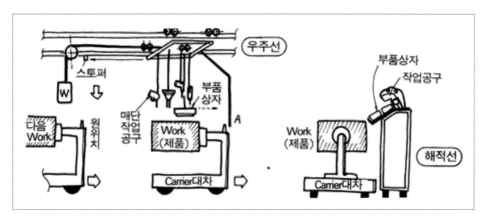

그림 4-5 　　우주선 방식과 해적선 방식

Carrier 대차(해적선)와 함께 작업위치의 바로 옆에서 매단 부품상자(우주선)가 생산의 흐름에 맞추어서 같이 동작하며 운반되고 있다. 해적선 Carrier 대차는 소형 모터에 의해서 원위치 복귀되어 다음 작업을 할 수 있게 된다.

2) 몇 개씩 담는가?에 대한 포인트 – 정배수화의 원칙 준수로 단순화 용이화시킨다.

수납수는 카운트가 쉽도록 2, 5, 10의 정배수화 시킨다.

수납중량은 보통 손으로 1box씩 옮기거나, 쌓고, 내리고 할 경우 체중의 40% 정도의 중량으로 운반할 수 있도록 하며, Caster가 부착된 대차로 운반할 경우에는 160kg~200kg 정도로 하면 물건을 취급하거나 운반하기에 부담을 주지 않는다. 도요타 자동차에서는 여자가 운반하기 쉽도록 여자 평균 체중인 50kg의 40%인 20kg(box 무게와 내용물 포함)으로 적재중량을 맞추고 있으며, 운반대차로 운반할 경우, 6인치 Urethane Caster로 부착한 대차의 무게 총량은 4바퀴 하중을 50kg으로 하여 총 200kg정도로 중량을 맞추어 놓고 작업을 하고 있어서 노동부하가 많이 경감되는 편이다.

[표 4-1] 운반 및 이동에 따른 중량 한계

날개운반 중량	대차운반 중량	1일 1인 운반중량과 횟수 한계	운반시간과 거리 한계
체중의 40%까지	평균 160kg	1,500kg까지 (단중 30kg인 경우는 50개까지)	1회 최대 소요시간 : 20분 이내
	최대 200kg		총 운반거리 한계 : 2km(20m×100개)

[표 4-2] 포크리프트에 의한 직진운반 및 이동시의 시간 산출

구분	x = 편도거리	10m까지	20m까지	30m까지
공 주행	0.058 + 0.005x	0.108(분)	0.158(분)	0.208(분)
실 주행	0.058 + 0.017x	0.228(분)	0.398(분)	0.568(분)

- 90도 커브(직진 시간치에 대한 추가 시간치) : 0.05(분/회)를 추가해준다.
- 팔레트 적재품을 포크리프트로 쌓거나 내리는 경우의 시간을 아래 [표 4-3]으로 산출하여 추가해 준다.

[표 4-3] 포크리프트에 의한 팔레트 적재품 쌓기/내리기 시간 산출

놓거나 올리는 장소	1회장 시간치
1. 바닥에 놓는다(1단)	0.250분/팔레트
2. 팔레트 위에 2단으로 쌓거나 내린다	0.500분/팔레트
3. 트럭에 쌓거나 내린다	1,000분/팔레트
4. 팔레트 랙에 쌓거나내린다	0.420/팔레트

3) 어떤 주기로 운반하는가? 크게 정량 부정기 운반과 정기 부정량 운반으로 나뉜다.

기본적으로 운반은 낭비활동이다. 따라서 운반을 최소화 시키는 방법을 찾아서 현장에 적용하는 것이 핵심 포인트이다. 우리 현장에서 운반을 줄이라면 운반 배치를 키워서 한꺼번에 운반하려 한다. 이런 경우에는 운반은 작게 일어나지만, 대신

제조현장은 대기재고나 재공으로 산더미가 되게 됩니다. 운반 합리화의 궁극적인 목표는 '필요한 시기에 필요한 량만큼만 운반하여서 만든다.' 이다. 그러므로 대기 재공의 크기와 운반횟수에 대한 Balance를 맞추어 나가는 방법으로서 아래의 2가지 방법이 있게 된다.

- 정량 부정기 운반은 후공정이 일정량을 사용한 시점에서 전공정으로 인수하러가서 사용한 정량을 운반해 오는 것으로, 공정 내에서 트러블이 생겨서 부품사용이 작아지면 그 만큼 자동적으로 인수시기가 나중으로 늦추어지게 된다.
- 정기 부정량 운반은 운반하는 시간을 30분, 1시간과 같이 정하여 놓고 정해진 주기마다 전공정으로 인수하러 가는 방식으로서, 전, 후 공정간의 리드타임이나 거리등으로 시간을 정하게 된다. 따라서 공정내에서 트러블이 생겨서 부품사용이 작아지면 그 만큼 자동적으로 인수량이 작아지게 된다. 정기 부정량 운반은 보통 납품처 공장과 공급 협력사간에서 이루어지며, 납품주기(X), 납품횟수(Y) 및 납품편수(Z) 인자로 주기가 산출된다. 즉, X×Z÷Y로 산출됩니다. 예를 들면, 매일 납품을 하면서 하루에 2회 납품을 하고, 납입지시를 받은 D/O-No 기준으로 4번째 납품을 해야 하는 경우에 납품주기일수는 1×4÷2=2일이 됩니다.

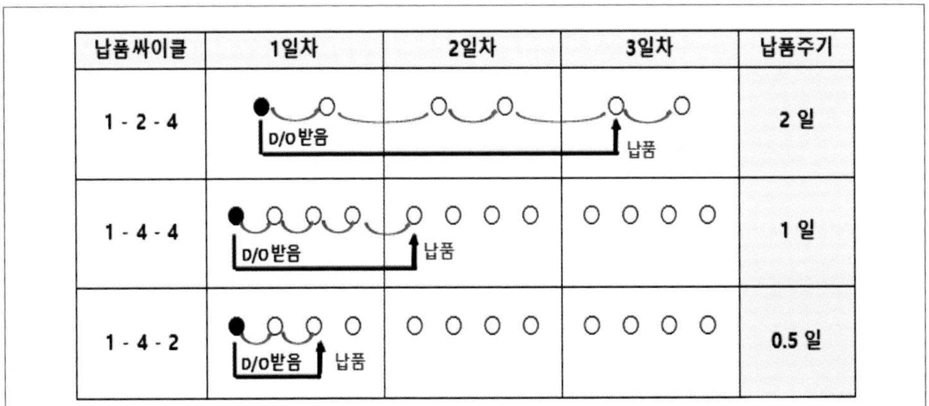

납품싸이클	1일차	2일차	3일차	납품주기
1 - 2 - 4	D/O받음		납품	2 일
1 - 4 - 4	D/O받음 납품			1 일
1 - 4 - 2	D/O받음 납품			0.5 일

그림 4-6   납품 사이클에 따른 납품주기

- 정량 부정기 운반이나 정기 부정량 운반은 공히, 공정의 Tacttime과 운반 Tacttime을 맞추어서 공정이나 물(Work)의 대기를 없애는 것이 가장 합리적으로 운반하는 것이다. 공정 Tacttime이 운반 Tacttime 보다 작은 경우에는 "운반 Tacttime ÷ 공정 Tacttime"의 정배수만큼의 전담 운반원(Feeder)을 두게 되며, 반대인 경우로서 전담 운반원을 둘 정도가 아닌 경우에는 관리감독자가 수시로 운반하여야 공정 밸런스를 맞추어 낼 수가 있다.

4) 어느 곳에 어떤식으로 두는가? 라는 관리방법은 정위치 정돈 및 가시화 활동을 하는 것입니다.

먼저 정위치로는 아래와 같이 5가지의 적재장이 있으며, 각각의 기능과 통제방법을 기술해 봅니다.

- 제품창고(Ware House) : 제조 Leadtime 만큼의 제품재고를 보유하는 곳

그림 4-7   제품창고

- 완충구역(Buffer Area) : 제조 Leadtime을 줄이고 수주편차에 대응하기 위해서 공용품, 반제품 등을 제조 Leadtime 만큼 대기하여 사용하는 곳

그림 4-8   완충구역

- 대기장 : 밀어넣기(Push)식 생산인 경우에, 조업시간차이, 제조능력 차이 및 로트사이즈 차이를 흡수하기 위해서 설정한 장소로 선행생산분 또는 로트 자투리 등을 일정량 대기시키는 장소

그림 4-9   대기장

- 스토아(Store) : 지금 필요한 1Set 또는 1 대차를 가져다 두는 곳으로서 전, 후 공정간의 Unbalance를 회전과 통제 기능(AB제어)를 통하여 조율하는 장소 로서 후 공정이 인수하러 왔을 때에 반드시 인도가 가능해야하며, Store의 주 기능은 재공품을 줄이기 위한 척도로서의 기능이 된다. 여기서, 스토아의 위치로는 ⓐ 제품 스토아는 조립공정이나 포장공정에 두게되며, ⓑ 부품 스 토아는 각 가공현장과 조립공정에 두게 된다. 또한, 분기점이나 병합점 스토 아에는 각 분기점이나 병합점 공정에 필요한 품목이 1Set 또는 1 대차가 대 기되어 있어야 한다.

그림 4-10   스토아(Store)

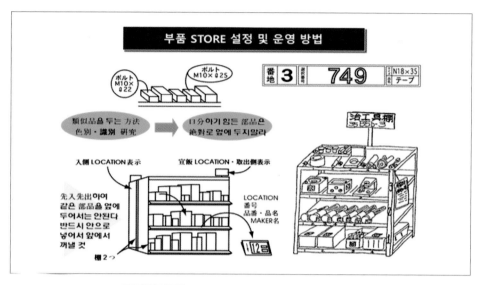

그림 4-11   부품 STORE 설정 및 운영 방법

- 면책구역 : 불요 불급품을 모아서 재처리 또는 소진하는 장소로서, 경영진 (임원진)이 매주 금요일에 관련팀장들과 모여서 판정 및 처리를 하여 없애 는 한편, 새로 면책구역에 모여진 불요불급품에 대한 발생요인을 조사하고 추궁하는 장소로서 면책구역에 불요불급품이 쌓이지 않도록 하는 것이 진 정한 원가저감 행위이며, 무엇보다도 생산현장에서 면책구역은 눈에 드러내 야할 원가저감 요소이다.

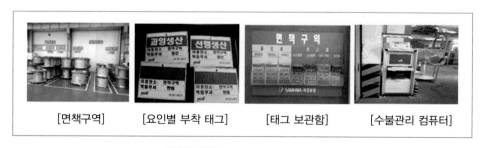

[면책구역]   [요인별 부착 태그]   [태그 보관함]   [수불관리 컴퓨터]

그림 4-12   면책구역의 구성

☞ "불요품/불용품"은 발생원 별로 면책구역에 모아서 소진한다

불요 불급품을 한 곳으로 모아서 눈에 보이도록 하는 장소가 "면책구역"이다

◎ **면책구역의 레이아웃**
　　☞ **부적합품/반입품/과잉생산품/장기재고가 구분관리 되어야 한다**
　　☞ **반드시 IN/OUT 대기장이 있어야 한다**
　　☞ **찾고/꺼내고/놓기 쉽도록 적재하고, 통로가 있어야 한다**
◎ **면책구역 운영 도구**
　　☞ **면책구역으로 보낼 품목에 부착할 "태그"를 만들어 사용한다.**
　　☞ **처분/소진 방안을 강구하고, 수불재고관리를 해야한다.**

그림 4-13　면책구역의 역할

- 각 적재장의 필수사항
  - 선입선출(F.I.F.O : First In First Out)이 가능한 구조로 만들어져야 한다.

바닥에 무구동 Roller를 설치하여 앞에서 인출하여 비게 되면, 뒤에서 앞쪽스토퍼까지 쉽게 밀어서 선입선출이 쉽게 되고 2줄마다 통로 확보로 현물확인 가능함

소형 포장물들은 Sliding Rack을 사용하여 뒤쪽에서 넣으면 자동으로 앞쪽으로 미끄러져 내려와서 선입선출이 가능함

그림 4-14　현물확인과 선입선출

- 들어가서 현물을 확인할 수 있도록 2줄사이에 60cm~90cm 정도의 통로 가 있어야 한다.
- 누구라도 현장에서 실시간으로 이상과 정상을 알 수 있도록 가시화 되어 있어야 한다.

표준대기수량만큼 라인으로 그 어서 정량 정위치 통제 실시

품목별 명판과 적재 한계선 및 발주신호간반을 부착, 가시화 실시

안전재고, 후보충점 및 최대재 고를 무구동롤러상에 청, 황, 녹 색으로 표시

그림 4-15   현장의 가시화

* 많고 적음 : 각 품목별 표준량을 적재장에 라인으로 표기
* 혼적 여부 : 명판이 부착되어 "양품-불량-이물"에 대한 명판 부착
* 관리 정보 : 안전재고점, 최대재고점, 납입지시점 및 로트정보의 가시화

5 | 물류 입출고 형태와 장단점 비교

물류 입출고 형태는 첫 번째로, 외주처별 품목별 STORE 운영과 두 번째로 LINE 별 STORE 운영 및 세 번째로 LINESIDE 직납 STORE 운영 형태로 분류가 되는데, 이것에 대한 장단점을 잘 파악하여 우리 공장에 잘 맞는 방안을 찾아내도록 하자.

1 외주처별 품목별 STORE 운영

- 외주처의 납기관리와 결품 예지가 용이하다

- SET 맞추기 및 PICKING 준비에 공수가 많이 소요되고 어려워서 오투입과 미투입 등이 발생 된다.
- STORE 기능이 STOCK 기능과 혼합이 되어져서 비능률적이다.
- 외주처 별로 MOQ와 운송 주기가 달라서 재고가 많게 된다.

우리나라의 대부분 중소기업은 외주처별 품목별 STORE로 운영이 되고 있어서, 입고장에는 불필요하게 대기재고가 많아지게 되고, 대기중에 SUB ASS'Y화를 하여서 제조리드타임을 줄이고자 하여도 SET품목이 서로 다른 위치에 있게 되어 찾기가 어렵고, 실행하기 힘듬. 따라서, 외주처별 STORE 는 많음 문제점을 내포하고 있어서, 바꾸어 나가야 합니다. 그러나 이것을 개혁하려면 외주처의 물류관리 공수가 늘어나는 것을 설득하여야 하는 점이 있습니다.

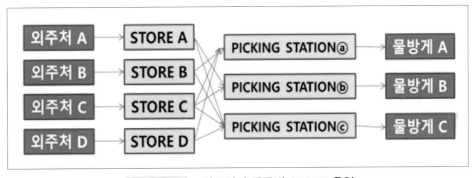

그림 4-16　외주처별 품목별 STORE 운영

2 LINE 별 STORE 운영

- 라인 별 공정 별로 납기관리와 결품 예지가 용이하다.
- SET 맞추기 및 PICKING 준비에 상대적으로 공수가 적게 소요되게 되어, 미투입과 오투입 등이 줄어든다.
- STORE 기능이 강하게 작용하여 회전과 통제가 잘 된다. 단, 외주처의 결품이 없고 품질수준이 향상되어져야 한다는 선결과제가 있음.

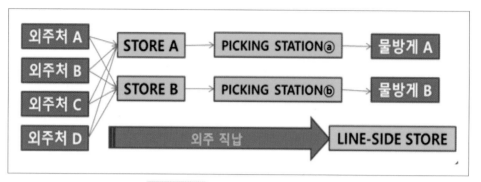

그림 4-17   LINE 별 STORE 운영

3 LINESIDE 직납 STORE 운영

- 자재관리 공수가 급격히 줄어진다.
- SET 맞추기 및 PICKING 준비에 상대적으로 공수가 불필요해진다.
- STORE 기능이 강하게 작용하여 회전과 통제가 잘된다.
- 외주처의 다품종 소량 다회 납품 능력이 선결조건이 된다.
- 외주처 결품 시는 LINE이 정지하게 된다는 치명적 약점도 가지게 된다.
  - LINESIDE 직납 STORE 운영 형태가 우리가 궁극적으로 지향하는 입출고 형태입니다.

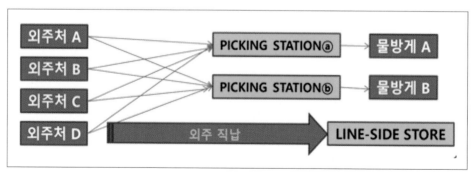

그림 4-18   LINESIDE 직납 STORE 운영

6 | ABC 등급별 자재발주(P/O : Purchasing Order) 및 재고운영 방식

1 ABC 등급에 따른 발주간격 및 재고보충방식과 재고실사간격

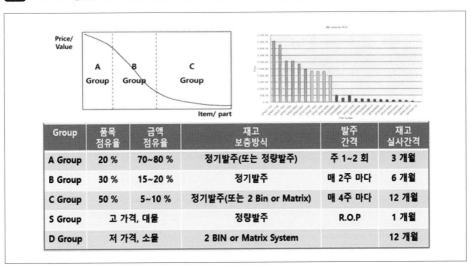

Group	품목 점유율	금액 점유율	재고 보충방식	발주 간격	재고 실사간격
A Group	20 %	70~80 %	정기발주(또는 정량발주)	주 1~2 회	3 개월
B Group	30 %	15~20 %	정기발주	매 2주 마다	6 개월
C Group	50 %	5~10 %	정기발주(또는 2 Bin or Matrix)	매 4주 마다	12 개월
S Group	고 가격, 대물		정량발주	R.O.P	1 개월
D Group	저 가격, 소물		2 BIN or Matrix System		12 개월

그림 4-19   ABC 등급에 따른 발주간격 및 재고보충방식과 재고실사간격

2 정량발주 방식(Q–SYSTEM)

정량발주 방식이란 재고가 재발주점(ROP)에 도달했을 때 항상 정해진 수량만큼을 발주하는 방식

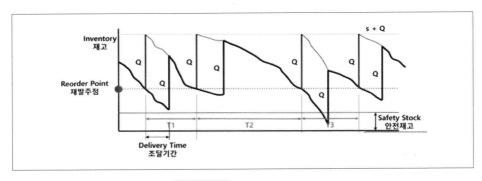

그림 4-20   정량발주 방식

▶ ROP(재발주점) = 조달기간 동안의 평균 재고 + 안전재고
              = 조달기간 동안의 최대 수요량

  * ROP : Re-Order Point

▶ 안전재고 = 조달기간 동안의 최대 재고량과 평균
             재고량의 차이량
             (최대재고-평균재고)

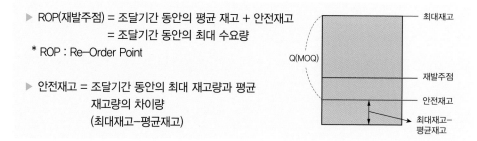

3 정기발주 방식(P-SYSTEM)

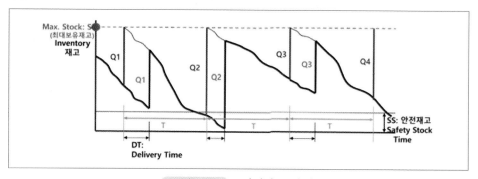

그림 4-21   정기발주 방식

▶ 발주량(Q) = 최대보유재고 - 현보유재고 +
            조달기간 중의 수요량

▶ 최대보유재고 = 발주간격 동안의 수요량 +
              조달기간 동안의 수요량 +
              안전재고량

▶ 안전재고 = (최대-평균) 수요량×
           (발주간격 + 조달기간)

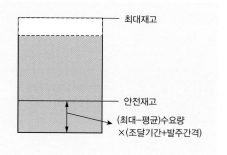

4 정량발주와 정기발주의 주요 차이점 비교

[표 4-3] 정량발주와 정기발주의 주요 차이점

구분	정기 부정량 발주 방식	정량 부정기 발주 방식
0. 적용 목적	• 단가가 크거나, 금액이 커서 재고통제가 목적인 품목	• 관리에 소요되는 인원과 인건비를 줄임 (간편화가 주목적임)
1. 적용 기준	• A급 자재로서, 금액이 크거나 부피가 큰 것	• B급 자재, LOT성 구입자재, MOQ 발주를 하는 것
2. 발주량	• 발주량 = 당월 부하량 + 안전재고량 − 주문필미입고 − 현 재고량 • 당월 수주가 100%가 확보되지 않거나, 조달리드타임이 길어서 사전 발주가 필요한 경우는 당월 부하량을 "6개월 평균치"를 사용하는 경우가 많다.	• 발주량이 정해져 있다. 1. 외부 요인인 경우는 MOQ 단위 또는 MOQ의 정배수 단위 2. 내부 요인은 아래와 같다. 　발주량 = 최대재고(MAX) − 후 보충점 재고량(ROP) 　발주량 = 표준재고(MAX) − 안전재고량(S/S)
3. 운영 장표	(아래 표 참조)	(아래 표 참조)
4. 전제 조건	• 1회 발주량과 입고량은 다를 수 있다. • 입고량에 대한 수불재고관리 주체와 방법을 정해야 한다.	• 1회 발주량과 입고량은 같아야 한다. • 수불재고관리를 하지 않고, 후 보충점에 도달하면 자동 발주가 이루어진다.

정기 부정량 발주 방식 운영장표:

6개월 평균량 ⓐ	안전 재고량 ⓑ	현재 고량 ⓒ	주문필 미입고량 ⓓ	발주량 (ⓐ+ⓑ−ⓒ−ⓓ)	입고량 1차	입고량 2차	입고량 3차

안전재고량 = 조달기간 사용량 + 편차량(최대량 − 평균량)

정량 부정기 발주 방식 운영장표:

안전 재고량 ⓐ	발주량 ⓑ	조달기간 사용량 ⓒ	후보충점 재고량ⓓ (ⓐ+ⓒ)	표준 재고량 (ⓐ+ⓑ)	최대 재고량 (ⓑ+ⓓ)

표준재고량 = 안전재고량 + 1회 발주량
최대재고량 = 후 보충싯점재고량 + 1회 발주량

5 소물류에 대한 발주방식

1) TWO BIN SYSTEM

정기정량 발주시스템과 유사한 형태로서 소매점이나 백화점에서 많이 사용하고, 제조업에서는 볼트, 너트, 스크류 등과 같이 비교적 수량이 많고, 부피가 적으며 저가인 부품등에 이용되는 방식이다.

　ⓐ 적용자재(또는 부품)

　　• C 등급 자재로서 사용빈도가 큰 것

- 부피가 작고,진부화가 잘 되지 않으며, 불량 식별이 용이한 자재
- 조달리드타임이 상대적으로 짧은 자재나, 공급처가 근접해있는 자재

ⓑ 주의사항

- 자재의 크기,형태,무게를 감안하여 BIN을 설계하고, 사용BIN과 예비BIN을 구분, 가시화 한다.
- Bar Code에 의한 사용량으로 자동발주가 되게하고, 사용량에 의한 비용 지불체제로 운영.
- 무검사-무전표 체제로 운영하고, 운반 책임은 공급처에 있도록 한다.

ⓒ 방법

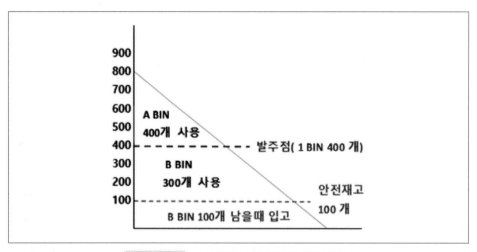

그림 4-22   TWO BIN SYSTEM 발주 방식

- A, B BIN에 각 400개씩 담아서 납입하고, 조달기간 동안의 소비량이 300개이며 안전재고는100개인 경우, 그림 4-22와 같이 A BIN을 모두 사용한 후에 700개를 가져와서 A BIN에 400개를 담고, 나머지 300개는 B BIN에 넣는다. 그러면 B BIN도 역시 400개가 담겨져서 쉽게 발주관리를 할 수가 있다.

2) COCK SYSTEM

   ⓐ 적용자재(또는 부품)

- C 등급 자재로서 사용량이 많은 자재(또는 부품)
- 원거리 소재 공급처로 부터 납입이 되며, 불량률이 높은 것
- 단가가 낮고, 재고유지 비용도 작은 자재(또는 부품)

   ⓑ 주의사항

- COCK 창고의 위치는 입출고 운영경비가 적절한 곳에 모기업 부담으로 설립한다.
- 재고유지 비용은 양자가 협의하여 결정한다.
- 무검사-무전표 체제로 운영하고, 운반책임은 공급처에 있도록 한다.

   ⓒ 효과

- 불량이나 납기지연에 의한 모기업(납입처) LINE STOP 방지.
- 자재 단가만 정해지면 모기업(납입처)의 재고관리가 불필요함.

7   재고발생 요인과 개선사고

재고 관리에 대한 본질적인 질문은 '왜 재고를 관리하느냐?'는 것이다. 이 질문에 대한 답은 하나뿐이다. "재고가 있기 때문"이다. 재고가 없다면 관리할 하등의 이유가 없다. 이것이 바로 재고관리의 본질이다. 재고관리란 재고를 없애기 위한 관리다. 종종 재고가 갖는 장점과 단점에 대해 논의를 하면서 두 가지의 균형을 맞추는 것이 중요하다는 지적도 있으나 이는 잘못된 것이다. 실무적으로 균형을 맞추는 관리란 존재하지 않는다. 재고뿐만 아니라 무엇인가를 관리할 경우, 최종적인 목표는 관리의 대상을 없애는 것이다. 보다 현실적으로 말하자면 관리하지 않아도 되게끔 하는 것이 관리의 목표이다. 이와같은 이야기를 하면 "재고가 없으면 고객에게 판매할 수 없게 되지 않는가."라고 반론을 제기할 수도 있을 것이다. 하지만 그렇기 때문에 재고가 필요하다든가 이것이 재고의 이점이다라는 식으로 이야기 할 수는 없다.

왜냐하면 이는 이점이 아니라 재고를 보유할 수밖에 없는 제약 조건이기 때문이다. 이러한 제약 조건이 사라지게 되면 재고는 필요 없어진다. 재고는 없는 것이 가장 좋다. 재고관리 시에 이 사실을 잊어서는 안 된다. 그렇다면, 제조현장에서의 제약인자는 어떤 것들이 있을까?

첫 번째, 대량 로트생산을 하면 원가가 낮아진다는 생각을 가지고 있다. 이것은 단순히 공정변경(준비교체) 횟수를 적게 하려고 대량으로 생산하기 때문에 불필요한 재공재고가 생긴다. 공정변경이 어렵거나 시간이 많이 소요되고, 수율로스가 늘어난다면, 우리는 생산기술을 이용하여서 공정변경 시간을 줄이고, 쉽게 할 수 있도록 간이자동화(L.C.I.A) 등을 하는 한편 초기수율로스를 줄이는 방법을 강구해서라도 필요한 수량 즉, 수주량 만큼만 만드는 현장풍토를 조성하여서 불필요한 재공재고는 무조건 없애도록 해야만 한다.

두 번째, 가동율이 올라가면 이익이 증대된다는 생각을 가지고 있다. 단순히 가동율 증대가 경영실적으로 연결되지는 않는다. 이것 역시 수주 수량 만큼만 생산(Tacttime 생산)하고 설비나 라인의 여력이 있더라도 라인을 세워서(계획정지) 불필요한 재공재고를 없애도록 해야 한다.

세 번째, 고객의 수주변동에 대비하여 재고를 확보하고 대응하겠다는 생각이다. 이것 역시, 수주 정보의 정확도가 떨어지면 불용재고가 되고, 이 불용재고를 책임질 사람은 아무도 없다. 다만, 사장만 손해를 보게 된다. 불용재고나 사장재고가 생기지 않게 하려면, 반드시 예측에 의한 선행생산도 통제가 되어야 한다.

네 번째, 제조시스템 전체의 최적화보다 공정별 능률극대화로 생산하는 방식을 고수한다. 이것은 부분적으로는 최적화가 될지 모르지만 공정별 계획을 수립하고, 실적을 집계 분석하고 공정별 수불재고관리를 해야 하는 간접공수가 많이 발생되고, 공정간 Capa 차이로 인하여 대기재공이 많으면서도 부수적으로 결품도 일어나게 됩니다. 따라서 공정간 로트를 동일하게 하고 평준화 로트생산으로 연동시켜서 재공재고를 통제하도록 하자.

8 | 물류 Handling 단위작업의 이해와 낭비개선 방안

물류 Handling 작업은 취급, 운반, 공급, 회수 등의 정규작업과 뒷처리를 하는 비정규작업으로 분류가 되며, 단위작업은 아래 그림 4-23과 같은 단위작업으로 분류가 됩니다. 그러나 이 중에서 비정규작업인 뒤처리는 모두가 낭비작업으로서 제거해야할 대상이며, 나머지는 주체작업이라기 보다는 부수, 부대작업이므로, 이것들도 줄여나가거나, 제거하는 방법을 찾는 것이 물류관리를 효과적으로 하는 것이다.

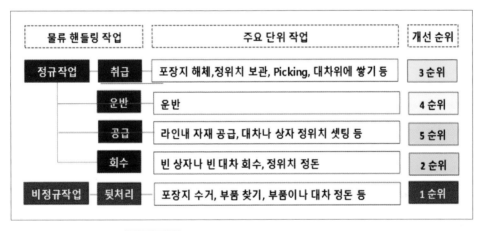

그림 4-23   물류 핸드링 작업 낭비개선 방안

1 뒷 처리 작업의 낭비배제 방안

- 납품처에서 창고 입고시에, 포장지를 해체하여 정위치 입고시키고, 포장지는 회수해 가도록 계약체결하고 준수토록 하는 것이 포인트임.
- 대차나 부품은 찾기 쉽게 주소와 번지를 삽입하고, 명판 부착하여 정위치에 색별정돈, 형별정돈 한다.
- Smart Factory 를 추구하는 공장은, 필요한 부품을 Monitor Board에 갖다 대거나, BarCode를 스캔하면, 찾고자하는 부품 위치에 Lamp가 들어오게 하여 찾는 낭비를 없애준다.

2 회수 작업의 낭비배제 방안

- 라인으로 부품을 공급할 때에는 가져간 실 상자나 실 대차 수량만큼 되돌아 올 때에, 반드시 공 대차나 공 BOX를 회수하도록 우선적으로 룰을 정하여 준수하도록 하고, 확인, 독려해 나간다.
- 소형의 상자 등은 Moving Sliding Rack 형태로 만들어서 쉽게 빈 상자를 인수할 수 있도록해주고, 공간이 허락하면 우주선, 해적선 형태로 라인 형태를 개조하여 회수 자체를 없애도록 한다.

3 취급 작업의 낭비배제 방안

- 뒷처리 작업과 마찬가지로, 납품처에서 창고 입고시에, 포장지를 해체하여 각 부품상자별로, Picking Station에 직접 정위치 보관하도록 하고, 포장지는 회수해 가도록 한다.
- 물건의 형태가 소물인 경우에는, 대차를 라인별, 공정별 Moving 대차로 만들어서, 대차위에 쌓는 부대작업도 없애도록 한다.

4 운반과 공급 작업의 낭비배제 방안

- 먼저, Picking Area를 Line이나 공정과 최단거리화 시키거나, In-Line화 하여서 동선을 줄이고

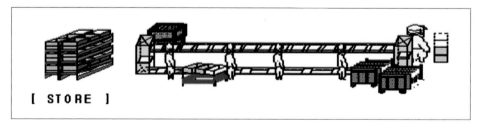

[STORE]

그림 4-24   운반과 공급 작업의 낭비 배제

- 중형물은 동력운반 수단(電動車, Truck 등)을 활용하여 여러 종류의 부품을 혼합 적재하여 한 번에 여러 공정으로 운반 공급한다.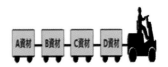

- 소형물은 무동력운반 수단(Handy Carry)을 활용하여 여러 종류의 부품을 혼합 적재하여 한번에 여러 공정으로 운반 공급한다.

- 소물들은 Picking Station을 만들고, SET 용기를 제작하여 공법서, 부품, 치공구를 동시에 같이 투입하여 작업을 편하고 용이하게 해준다.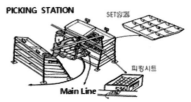

- CONVEYOR LINE의 상부, 하부를 이용하여 흐름 중에 Tact 맞춤으로 운반, 공급시킨다.

- LINE으로 투입되는 부품BOX나 대차 등의 수납수는 정배수화하여 공급한다.

- 소물의 투입 부품 등은 SET화하여 회전대차 또는 관람차 형태의 도구로 공급, 사용한다.

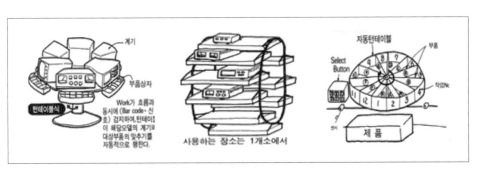

그림 4-25 소물 투입 부품의 공급방식

05
CHAPTER
재고관리 및 개선

재고는 필요악이라는 관점에서 출발하자

자재, 현장의 재공품(W.I.P), 제품의 재고는 없는것이 가장 효율적으로 경영하는 것입니다. 다시 말하면, 재공재고가 있다는 것은 매출과 무관한 재료비 투자가 되어서 경영상으로 회전율 저하로 현금흐름이 좋지 않게 되고, 순자산이익율이 떨어지게 됩니다. 따라서 재고는 필요악으로서 최대한으로 제거하도록 해야만 됩니다.

1 재공재고 관리의 필요성

- 최소의 재고투자로 최대의 고객서비스율(납기준수율) 지향
- 생산자원 이용의 최대효율화 추구

2 왜, 재공재고가 발생되는 주요 요인과 개선 대책

■ 자재재고

발생요인	방지 및 개선대책
ⓐ MOQ에 의해서 필요량보다 많이 입고 됨	ⓐ 발주처와 협상을 통해서 MOQ 저감 도모
ⓑ 원가가 하락시에 전략적으로 다량 발주 및 입고	ⓑ 보관비용, 저감비율 및 진부화율을 고려하여 입고

발생요인	방지 및 개선대책
ⓒ C 등급 자재의 1회 발주량 과다 입고	ⓒ C 등급 자재는 필요량만 입고(집중 통제 필요)
ⓓ 수요예측에 의한 선행입고 자재의 미사용 대기	ⓓ B, C 등급 자재의 수요예측에 의한 선행 입고 통제

■ 재공품(W.I.P)

발생요인	방지 및 개선대책
ⓐ 대량 LOTSIZE로 인한 불요품 장기대기	ⓐ 공정변경시간 단축으로 LOTSIZE 저감 추진
ⓑ 공정간 CAPA 차이로 불필요품 생산 및 대기	ⓑ 병목공정 기준 품목별 생산로트 결정 및 생산
ⓒ 수율로스 및 가동로스 방지를 위해서 C 등급 제품의 대량생산 추진	ⓒ C 등급 제품은 필요량 또는 단중만큼만 생산 실시 및 과다 생산 철저 통제
ⓓ 공정간 운반주기 차이에 의한 대기	ⓓ 공정간 운반주기 및 운반량 동일화
ⓔ 공정별 계획으로 서열대기 및 수량대기 발생	ⓔ 평균화 생산 및 후보충생산 추진

■ 제품재고

발생요인	방지 및 개선대책
ⓐ 수요예측에 의한 선행생산 실시 후, 예측도 저하로 인한 부진재고 발생	ⓐ A 등급 제품은 납품리드타임 만큼만 재고생산 및 B, C 등급 제품의 예측생산 통제
ⓑ 수주처 계획변경(수주 취소 및 수주량 저감)으로 인한 부진재고 발생	ⓑ 생판간 재고생산 그룹 및 수주생산 그룹으로 제품을 분류하여 생산 추진
ⓒ 가동률(稼動率) 중시 사상으로 과다재고 발생	ⓒ 가동률(可動率) 관리로 변경하여 필요량 생산

2 │ 재고관리 및 저감을 위한 통제방법과 재고모델

1) 로트사이즈와 공정간 생산서열의 연동이 안되는 상태에서의 재고관리 산식과 모델(대부분의 공장 현상)

- 최대재고 = 운영재고(= 평균생산량×생산빈도율) + 안전재고(= 평균생산량×생산빈도율×량보정계수)
  - 품목별 생산빈도율 = 품목별 생산일수 ÷ 조업일수
  - 품목별 량보정계수 = 품목별 최대 생산수량 ÷ 품목별 평균 생산수량−1

■ 상기 산식을 활용한 재고량 산출 사례

상기 사례를 살펴보면, 일별 생산량 편차가 커서 량보정계수가 크게 나타나는 A001의 경우는 불필요하게도 안전재고가 많이 산출되게 된다. 즉, 1일 4일의 생산량 편차가 너무 커서 나타나는 현상이다. 또한, C002의 경우는 일별 생산량 편차는 크지 않지만 생산빈도율이 떨어져서 운영재고가 68과 같이 작게 산출되어지게 됩니다. 따라서 우리가 제조현장의 재공을 저감하기 위한 인자는 량보정 계수를 줄이는 것에 포인트를 맞추어야만 되겠습니다.

품목	1일	2일	3일	4일	5일	합계	생산일수	일평균생산량	일최대생산량	량보정계수	생산빈도율	운영재고	안전재고	최대재고
A001	685		270	180	300	1,435	4	359	685	0.91	0.80	287	261	548
A002	540	580	569	500	440	2,629	5	526	580	0.10	1.00	526	54	580
B001	300	293	220	280	316	1,409	5	282	316	0.12	1.00	282	34	316
B002	240	240	260	240	180	1,160	5	232	260	0.12	1.00	232	28	260
B003		300		270	280	850	3	283	300	0.06	0.60	170	10	180
C001	360	320			300	980	3	327	360	0.10	0.60	196	20	216
C002		190		150		340	2	170	190	0.12	0.40	68	8	76
C003	80		100		120	300	3	100	120	0.20	0.60	60	12	72
												1,821	427	2,248

그림 5-1   재고량 산출 사례1

2) 불필요 재공재고를 줄이는 첫 번째 방법은 생산량의 평균화 생산을 도모하는 것입니다.

상기 사례에서 보는바와 같이 제일 먼저 추진해야하는 것은 품목별로 생산 LOTSIZE를 정하여 일별 편차를 줄이는 것입니다. 이것만 추진되어도 안전재고가 427개에서 0이 되어서, 전체 재고수위가 2,248개에서 1,822개로 줄게 됩니다.

품목	1일	2일	3일	4일	5일	합계	생산 일수	일평균 생산량	일최대 생산량	량보정 계수	생산 빈도율	운영 재고	안전 재고	최대 재고
A001	360		360	360	360	1,440	4	360	360	0.00	0.80	288	0	288
A002	530	530	530	530	530	2,650	5	530	530	0.00	1.00	530	0	530
B001	280	280	280	280	280	1,400	5	280	280	0.00	1.00	280	0	280
B002	230	230	230	230	230	1,150	5	230	230	0.00	1.00	230	0	230
B003		280		280	280	840	3	280	280	0.00	0.60	168	0	168
C001	330	330			330	990	3	330	330	0.00	0.60	198	0	198
C002		170		170		340	2	170	170	0.00	0.40	68	0	68
C003	100		100		100	300	3	100	100	0.00	0.60	60	0	60
												1,822	0	1,822

그림 5-2   재고량 산출 사례2

3) 그 다음은, 공정변경시간 저감 활동을 통하여, 공정변경 횟수를 늘려서 평균화된 Lotsize를 줄여나가는 활동으로 대기재공을 줄이는 것입니다. 다시 말하면, 생산빈도는 늘리고, Lotsize 저감을 통하여 1회 생산량을 줄여 나가는 활동으로 운영재고를 줄이는 것입니다.

4) 마지막으로는, 표준화된 lotsize로 평균화(또는 평준화) 생산을 실시하여 불필요한 자투리 대기를 없애어서 재공을 줄이는 것입니다.

3 | LOTSIZE가 동일하고, 흐름생산인 경우의 표준재고 산출

일반적인 표준재고는 "품종별 1일 생산수량×공정간 제조리드타임"량 만큼을 표준재고로 보유하게 됨. 그러나 전, 후 공정간 운반주기를 짧게해 주면 "운반주기 동안의 필요량" 만큼을 표준재고로 보유할 수가 있게 됩니다. 최상의 표준량은 재고 ZERO를 지향합니다. 무재고 생산이 가능하도록 혁신사고와 방법을 찾는 것이 재고관리의 궁극적인 목적이라 하겠습니다. 일본 도요타 자동차의 "재고는 부모의 원수다"라는 말처럼 지속적으로 재고를 줄여나가도록 해야만 합니다.

4 | 변종 변량 환경에서의 표준재고 산출 방식(권장사항)

1) 전제조건

POP SYSTEM에 의한 주간단위 판매실적의 실시간 집계, 분석이 가능한 환경 구축 필요

- 기대매출이익 기준의 표준재고 산출 산식
  - 매출이익(G0) = [단위당 판매가(P)−단위당 제조원가(C)] × 판매량(D)− 단위당 제조원가(C) × [재고보유량(Q)−판매량(D)]
  - 기대 매출이익(G) = Σ(매출이익(G0) × 재고보유 레벨별 매출확률(p))
  - 재고보유 레벨별 매출확률(p) = 주간단위 그룹별 매출량 ÷ 관리구간 매출량 총계
  - 관리구간(Timebucket) = 보통Weekly Rolling 구간으로 12주 단위를 판매실적 데이터 채집구간으로 설정하고 있음. 그러나 수주 환경 변화에 따라서, 더 짧게 관리하여도 무방함.

2) 관리 사례의 제시

- 12주간의 주간단위 판매량 및 확률 데이터 채집

판매량 ▾	100 ▾	200 ▾	300 ▾	400 ▾	500 ▾	600 ▾
확률(p)	5%	11%	34%	34%	11%	5%

- 재고보유량과 판매량에 따른 기대매출이익 산출에 따른 표준재고량 산출

재고 보유량(Q)	판매량(D)						기대 매출이익
	100	200	300	400	500	600	
100	3,500	3,500	3,500	3,500	3,500	3,500	3,500
200	-500	7,000	7,000	7,000	7,000	7,000	6,625
300	-4,500	3,000	10,500	10,500	10,500	10,500	8,925
400	-8,500	-1,000	6,500	14,000	14,000	14,000	8,675
500	-12,500	-5,000	2,500	10,000	17,500	17,500	5,875
600	-16,500	-9,000	-1,500	6,000	13,500	21,000	2,250
(확률(p)	5%	11%	34%	34%	11%	5%	

그림 5-3　표준재고량 산출(P = 75, C = 40)

상기 산식을 적용하여 기대이익 테이블을 작성해 보면, 재고량을 300개 보유할 때가 기대매출이익이 8,925원으로 가장 높게 산출됨. 따라서 표준재고는 300개이다.

5 │ 특수 재고모델 및 적정재고 산출 방식

아래에 기술하는 재고모델은 소품 대량 생산 체제하에서의 재고 모델로서 다음과 같은 조건에서 적용이 가능한 모델이다.

1) 화학공장과 같은 장치산업의 경우

원료(납사)는 주2회 정도로 단속적으로 입고가 되지만, 공장에서는 연속적으로 사용을 하고 있는 경우(단속 입고 연속 출하)

- 3개월간의 원료 입고 횟수와 공장의 월별사용량 및 표준편차는 아래와 같았다.

월별	입고횟수	월별사용량	사용량 편차	편차제곱합
1월	9	14,550	−417	173,611
2월	8	13,680	−1,287	1,655,511
3월	9	16,670	1,703	2,901,344
총계	26	44,900		4,703,467
월평균		14,967	표준편차(σ) = 1,255	
일평균		499	*제조리드타임 = 4/30	

- 운영재고수준(O/L)

$$\frac{기간\ 중\ 총\ 사용량}{입고\ 횟수} = \frac{44,900}{26} = 1,726(약3일분)$$

- 안전재고수준(S/L)

안전계수(표준척도) × 표준편차 × $\sqrt{제조리드타임}$

$$= 3 \times 1,255 \times \sqrt{(4 \div 30)} = 1,374(2일분)$$

신뢰율	68.3%	95.4%	99.7%	안전계수는표준정규분포의
안전계수	k = 1	k = 2	k = 3	표준척도와동일함

- 적정재고 수준계수

  적정재고수준계수 = (O/L+S/L+수송기간)÷기간일수=(3일+2일+0일)÷90일

  $\qquad\qquad\qquad\quad$ = 0.055

- 적정재고

  적정재고 = 기간 중 사용량×적정재고수준계수 = 44,900 × 0.055 = 2,469

2) 반도체 공장의 INGOT 생성 공정의 경우

투입되어지는 혼합제에 따라서 생성길이가 Random하게 생성되고 있어서 Buffer Area에 INGOT을 적정량 대기시켜 놓고, 후 공정 인수를 하고 있다. 이러한 경우에 안전재고는 결품방지를 위한 신뢰율에 따라서 달라지게 된다. 신뢰율은 안전계수 (표준척도)로 표시한다.

- 운영재고(O/S) = 길이평균×빈도율×공정리드타임(LT)
- 안전재고(S/S) = 안전계수×표준편차×$\sqrt{\text{공정리드타임(LT)}}$
- Buffer Area 대기재고 산출 사례

INGOT TYPE	공정LT (일)	횟수별 INGOT 생성 길이					평균 길이	표준편차 (σ)	빈도율	운영 재고	안전재고 (k=2)	최대 재고
		1회	2회	3회	4회	5회						
A	5.6	120	108	116	125	118	117	6.2	1.0	657	29	687
B	4.8	111	108	117		106	111	4.8	0.8	424	21	445
C	5.6	114		108	112	116	113	3.4	0.8	504	16	520
D	5.2	106	108		112	98	106	5.9	0.8	441	27	468
E	5.6		120	116	114		117	3.1	0.6	392	14	406

그림 5-4　Buffer Area 대기재고 산출 사례

3) 용광로 작업을 하는 공정의 경우

용광로 Set Up Cost가 불용재고 보유비용 보다도 훨씬 크므로 수주량 변동에 관계없이 용광로를 가동해야만 한다. 이런 경우는 재고를 생산하여 판매될 때까지의 대기일수를 통계적으로 산출하여 재고를 보유하게 된다. 대기일수 모델을 살펴보기로 하자.

- 대기일수 모델의 적용 조건
  - ⓐ 모델별 수주량 변경 빈발로 출하계획 신뢰도가 저하 되고
  - ⓑ 생산라인(공정) 수보다도 품종수가 훨씬 많아서 공정변경이 잦고, 공정 변경 시간도 크다.
- 고려사항
  - ⓐ 모델별로 판매환경 변화가 극심하여 일률적으로 오차율 산출, 적용이 어렵다. 이런 경우는 분기별 판매실적과 생산실적으로 오차율을 재계산하여 반영한다.
  - ⓑ 분기별 판매량 증감폭이 클 경우는 보유재고수준도 재계산하여 반영한다.
- 재고산출 방법
  - 운영재고 = 일 평균 판매량×생산대기일수×조정율
  - 안전재고 = 판매오차수량+생산오차수량 = 계획판매량×판매오차율+계획생산량×생산오차율

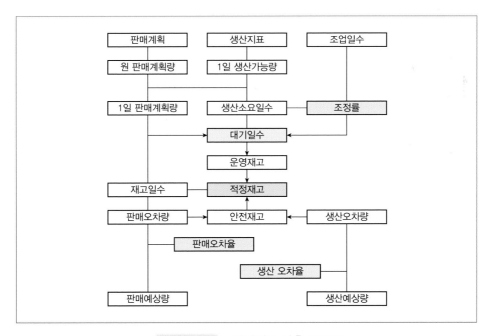

그림 5-5   적정재고 산출 FLOW

4) Supplier UPH(p)가 User UPH(d)보다 큰 경우의 연속생산 출하 재고모델

순	모델명	납품처 소요수량			④ 납품 횟수	⑤ 납품 시간	적정재고		⑥+⑦
		① UPH	② 일별 가동시간	③ 일별 소요수량 ①×②			⑥ 운영재고 ③÷④	⑦ 안전재고 ①×⑤	
1	A	42대	20시간	840대	일 4회	2시간	210대	84대	294대
2	B	36대	20시간	720대	일 4회	2시간	180대	72대	252대
3	C	42대	20시간	840대	일 4회	2시간	210대	84대	294대

$\ell_{max} = (d \times T_d \div n) + (d \times t)$
운영재고(R/S) $= d \times T_d \div n$
안전재고(S/S) $= d \times t$

p : 공급자 UPH d : 수요자 UPH
T_d : 수요자 가동시간 n : 일별 납품 횟수
t : 1회 납품소요시간

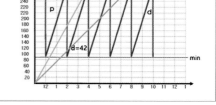

그림 5-6   Supplier UPH(p)가 User UPH(d)보다 큰경우의 연속생산 출하 재고모델

5) Supplier UPH(p)가 User UPH(d)보다 작은 경우의 연속생산 연속출하 재고모델

순	모델명	납품처 소요수량			④ 납품 횟수	⑤ 납품 시간	⑥ 생산 UPH	⑦ 생산 시간	적정재고		⑧+⑨
		① UPH	② 일별 가동시간	③ 일별 소요수량 ①×②					⑧ 운영재고 (①−⑥)×⑦	⑨ 안전재고 (①−⑥)×⑤	
1	A	30대	8시간	240대	일 4회	2시간	20대	12HR	120대	20대	140대
2	B	40대	8시간	320대	일 4회	2시간	30대	10.6HR	106대	20대	126대
3	C	50대	8시간	400대	일 4회	2시간	40대	10HR	100대	20대	120대

$\ell_{max} = (d-p) \times T_d + (d-p) \times t$
운영재고(R/S) $= (d-p) \times T_d$
안전재고(S/S) $= (d-p) \times t$

p : 공급자 UPH d : 수요자 UPH
T_d : 수요자 가동시간 t : 1회 납품소요시간

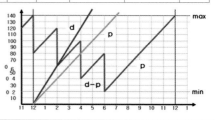

그림 5-7   Supplier UPH(p)가 User UPH(d)보다 작은 경우의 연속생산 연속출하 재고모델

6) Supplier UPH(p)가 User UPH(d)보다 작은 경우의 연속생산 단속출하 재고모델

순	모델명	납품처 소요수량			⑨ 소요 주기 일수	생산처 생상능력			생산 주기 일수	적정재고		⑦+⑧
		① UPH	② 일별 가동 시간	③ 일별 소요수량 ①×②		④ UPH	⑤ 일별 가동 시간	⑥ 일별 생산수량 ④×⑤		⑦ 운영재고 (③-⑥) ×⑨	⑧ 안전재고 (①×②) -④×⑤	
1	A	5대	8시간	40대	5	2대	10시간	20대	10	100대	20대	120대
2	B	6대	8시간	48대	5	3대	10시간	30대	8	90대	18대	108대
3	C	7대	8시간	56대	5	4대	10시간	40대	7	80대	16대	96대

$\ell_{max} = p \times T_s + (T-D) + 1$회납품수량

운영재고(R/S) $= (d \times T_d - p \times T_s) \times T_d$

안전재고(S/S) $= (d \times T_d - p \times T_s)$

p : 공급자 UPH d : 수요자 UPH

T_s : 수요자 가동시간 T_d : 수요자 가동시간

T : 생산자 생산주기 일수 D : 소비자 소요주기 일수

t : 1회 납품소요시간

그림 5-8   Supplier UPH(p)가 User UPH(d)보다 작은 경우의 연속생산 단속출하 재고모델

7) Supplier UPH(p)가 User UPH(d)보다 큰 경우의 단속생산 연속출하 재고모델

순	모델명	① 월별 출하 수량	② 일별 출하수량 ①÷58	③ 품종 교체 횟수	④ 운영재고 수량 ①÷③	⑤ 로트생산 주기 58÷③	⑥ 로트 제조 기간	⑦ 안전재고 수량 ②×편차	적정재고 수량 ④+⑦	착공지시점 수량 ②×⑥+⑦
1	A	12,485대	215대	29회	430대	2일	0.5일	43대	473대	150대
2	B	10,947대	188대	29회	376대	2일	0.5일	38대	414대	132대
3	C	10,666대	184대	29회	368대	2일	0.5일	37대	405대	129대

$\ell_{max} =$ 운영재고+안전재고

운영재고(R/S) $= \overline{X}$

안전재고(S/S) $= \overline{X} \times R$

$\overline{X}$: 평균출하수량(월별 출하수량÷J)

J : 평균품종교체횟수시간

R : 수량편차(0.2산정)($\overline{X} \div X_{min} - 1$)

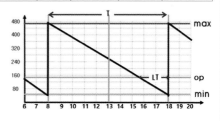

그림 5-9   Supplier UPH(p)가 User UPH(d)보다 큰 경우의 단속생산 연속출하 재고모델

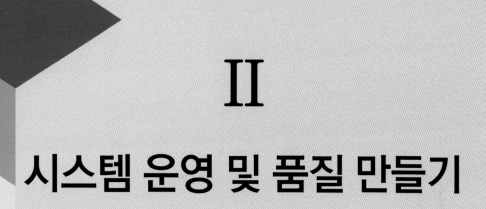

II

시스템 운영 및 품질 만들기

06
CHAPTER

생산시스템 개선

1 │ 생산시스템 개선 레벨별 테마

1 Level은 공정별 생산효율을 중시하는 레벨로서, 관리기술보다는 생산기술에 치중하는 것으로서 작업관리 레벨이라고 말한다. 이때는 공정 간에 대기재공이 많으며, 공정간 물류가 탁류화가 된다.

2 Level은 흐름을 중시하는 레벨로서, 생산기술보다는 관리기술에 치중하는 것으로서 물류관리 레벨이라고 말한다. 이때는 공정 간에 대기재공이 저감되고, 공정간 물류가 정류화가 된다.

3 Level은 이상을 제어하는 도구삽입 레벨로서, 이상을 제어하여 실시간으로 조치를 할 수 있는 납기관리 레벨이라고 말한다. 이때는 정시(定時)정품(正品)을 보증할 수 있는 체계가 구축 됨

4 Level은 프로세스 개선 레벨로서, 제어 도구와 공정개선 및 원단위 개선 등의 전사적 프로세스 개선이 진행되는 한량경영(限量經營) 레벨로서, 원가저감을 추진할 수가 있다.

5 Level은 리드타임 단축 레벨로서, ICT(Internet & Computer Technology)와 OS(Operating System)및 생산기술이 융합되어 유연생산체제를 구축하여 변종변량 대응이 가능한 레벨이다.

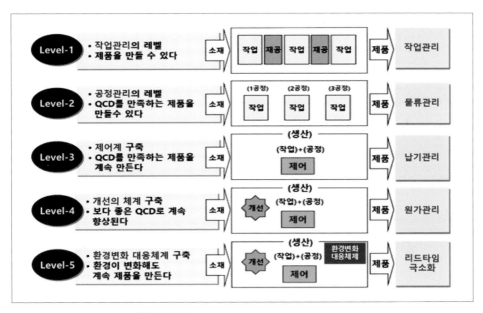

그림 6-1　생산시스템 개선 레벨별 테마

2 ｜ 생산시스템 개선 단계별 추진내용

1 생산시스템 추진 맵

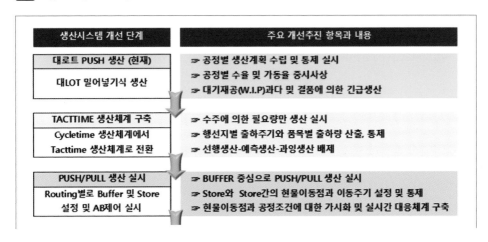

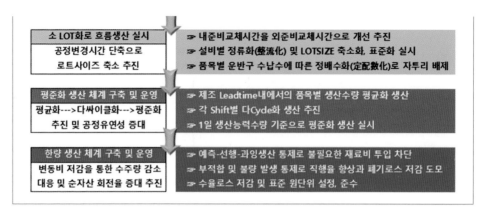

그림 6-2   생산시스템 추진 맵

2 대로트 PUSH 생산(밀어넣기식 생산)

현재 우리나라 가공공장의 대부분은 초기수율로스를 줄이고, 전체 제조공정의 시스템효율 보다는 공정자체의 가동율을 중시하는 사고로 인하여 수주량 변화에 대응보다는 과거의 소품종대량 생산 하에서의 만들어 놓으면 팔리게 되어져 있고, 또한 원가도 저렴해진다는 사고가 팽배해 있어서 전통적으로 대로트 밀어넣기 생산에 익숙해져 있고, 설비 배치 또한 Jobshop 형태로 레이아웃이 되어져 있다.

이러한 Jobshop 형태의 대 LOT 밀어내기식 생산은 아래와 같은 치명적인 결점을 가지고 있다.

첫째, 각 공정은 공정자체의 생산능력과 능률이 서로 달라서 공정 간에는 필연적으로 대기재공(W.I.P)가 쌓이게 되고, 그로 인하여 매일매일 대기재공의 수량을 카운트하여야만 다음날의 생산계획을 수립할 수가 있어서, 관리공수가 부수적으로 늘어나면서도 대기재공은 관리 통제가 안 된다.

둘째, 각 공정은 공정자체의 생산능력과 능률을 관리하기 위해서 공정자체의 생산계획을 수립하고 수시로 변경관리(추가, 삭제, 변경)를 반복적으로 하고 있으면서도 계획대로의 생산서열이나 생산수량을 맞추지 못하여 결품과 긴급지시가 교차로 반복적으로 일어나게 되고, 공정간에 품질불량이 발생되어도 눈에 잘 띄지 않아

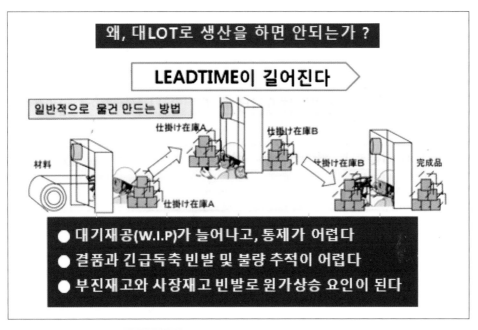

그림 6-3 대로트로 생산하면 안되는 이유

서 쉽게 추적이 어려워진다.

셋째, 수주량이 저하될때도 가동율보전을 위해서 예측에 의한 선행생산이나 과잉생산을 하게 되고, 그것이 수주예측의 정확도가 떨어지면 곧바로 부진재고나 사장재고화 되어서 원가상승 요인이 되고 있다.

따라서, 이러한 3가지 문제점을 해소하고자 선진국이나 대기업처럼 Lineshop 형태의 흐름생산으로 개선하고자 하여도, 설비나 부속 유틸리티의 재배치 비용이 너무 크게 들게 되고, 흐름에 맞추어서 기능별 공정흐름을 갖춰놓아도, 다품종 소량 다변화 시대에서는 공정변경의 효과가 지속적이지 못하고 다시 바꿔야 하는 현실적인 문제가 대두가 되어서 우리나라 중소기업에서는 쉽게 흐름라인으로 곧바로 변경하지 못하고 불필요한 대기재공을 저감시키고 생산관리공수를 저감하는 방법으로, 서서히 개선해 나가는 방법으로서 "Tacttime 생산"을 택하게 된다.

3 Tacttime 생산체계 구축 및 운영

대로트 밀어내기 생산체계에서 공정능력대로 생산하는 방식을 Cycletime 생산이라고 한다면 Tacttime 생산이란 공정효율성 보다는 수주량 변화에 맞춰서 수주량만큼만 생산하는 방법을 말한다. Tacttime을 정량적 산식으로 나타내면 단순히 조업시간÷수주수량으로 표시가 되지만, 이것을 생산현장에서 적용하고자 하면 상당히 형이상학적이어서 쉽지가 않다. 그래서, 우리가 현장에서 현물로서 Tacttime 생산을 할 수 있는 방법을 찾고자 한다. Tacttime 생산체계는 아래 수순과 방법으로 해결하고 적용해 나가자.

1) 제조리드타임 동안의 수주량을 List up하고, 이것을 수주량을 중심으로 ABC등급화 시킨다.
   - A등급 : 전체 수주 총량의 70(%)까지
   - B등급 : 전체 수주 총량의 90(%)까지
   - C등급 : 나머지

2) 다시 향지별로 묶어서 향지별로 출하컨테이너 또는 차량의 수용능력을 산출하고, 1)항에서 산출된 수량 비율대로 출하주기별 적재량을 산출한다. 이것이 필요량이 되게 된다.

3) 그 다음은 2)항에서 산출된 제품필요량을 적재단수를 감안하여 열과 줄을 황색실선으로 그어 표시하고 그곳에 필요량을 적재시킨다. 여기서, 수주량 변동이나 설비고장 등을 감안하여 황색파선으로 라인을 긋고, 안전재고도 보유하도록 한다.

4) 관리 실력이 늘어나고 필요성을 공감하게 되면, 바닥에 표시된 열을 일별로 나누어서 표시를 해주면 현장에서 출하가 되거나 생산/입고가 될 경우에 생산관리가 없어도 누구나 쉽게 진척도를 실시간으로 알 수가 있어서 이상을 쉽게 알고 곧바로 조치나 대응이 가능해지게 된다.

Tacttime 생산체계를 정착화시키기 위해서는 반드시 선행생산이나 예측생산을 할 수가 없게끔 제품창고에 적재공간을 준비하지 않도록 하는 것이 중요하다.

[표 6-1] Tacttime 생산체계 구축 및 운영(예시)

향지	고객	Part Name	Part Number	월간 수주량	대차 수납수	출하 주기	제품 재고 표준량 품목별	제품 재고 표준량 향지별	대차 필요수량 품목별	대차 필요수량 향지별	컨테이너 적재능력
미국	DENSO	W-Holder	MV-8661C	53,568	864	월4회 (6일)	13,392	38,386	16	38	40
미국	DENSO	W-Holder	MV-8651C	56,448	1,152		14,112		13		
미국	DENSO	W-Holder	AX-0480	33,608	1,512		8,402		6		
미국	DENSO	W-Holder	AX-0150	9,920	960		2,480		3		
멕시코	DENSO	W-Holder	MV-9791	28,080	1,536	월3회 (8일)	21,060	30,362	14	18	20
멕시코	DENSO	W-Holder	MV-7901	19,520	2,880		4,880		2		
멕시코	DENSO	W-Holder	MV-7911	17,688	3,872		4,422		2		
일본	미츠비시	F/Braclet	M6-08BH	12,960	384	월2회 (12일)	3,240	6,480	9	18	20
일본	미츠비시	F/Braclet	M6-08BH	12,960	384		3,240		9		
체코	미츠비시	F/Braclet	M6-08BH	16,512	384	월1회	4,128	4,128	11	11	20

4 Buffer 중심의 Push/Pull System 운영

아무리 Tacttime 생산으로 하더라도, 동일향지내의 각 제품이 제조 Routing이 다르고 그에 따라서 제조 리드타임도 다르기 때문에 출하주기에 맞도록 제품을 인수하기가 현실적으로 어렵게 된다. 그러므로 제품이 흐르는 Routing별로 Grouping을하고 각 Routing별 제품에 대해서 공용부품이나 반제품을 도출하여 각 Routing별제약공정(Bottleneck공정)앞쪽이나, 분기점 공정 뒤쪽에 Buffer를 설정하고 Buffer

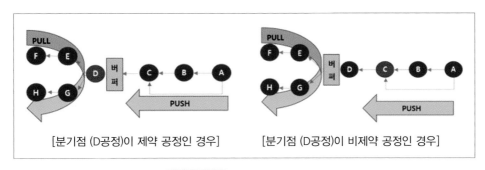

[분기점 (D공정)이 제약 공정인 경우]   [분기점 (D공정)이 비제약 공정인 경우]

그림 6-4 Buffer 설정 방법

뒤쪽으로는 인수방식(Pull Type), 앞쪽으로는 밀어넣기방식(Pull Type)으로 운영하게 되면 제조 리드타임과 제품인수 주기 편차도 현저히 줄일 수가 있게 된다.

PUSH/PULL 생산시스템에서는 각 공정별 Store나 Buffer에 대해서 정량, 정위치를 설정하고 가시화하여 현물이동을 단순화, 용이화시키고 간편도구화를 하여서 신속성과 선입선출(F.I.F.O)이 쉽게 되도록 하는 한편, 이동방법을 정량부정기 형태로 표준화하고, AB제어가 되도록 해야만 대기재공을 최소화할 수가 있게 된다.

5 소로트 흐름생산에 도전

흐름생산을 하게 되면 흐름이 빨라져서 각 공정 간의 대기재공이 줄어들고, 로트사이즈를 줄여서 소로트로 생산을 하게 되면 회전이 빨라져서 품목의 Set Balance가 좋아지고 제조리드타임이 빨라져서 납기원활성이 강해지는 현장체질을 만들 수가 있습니다. 이를 위하여서는 공정변경시간을 줄여주는 것이 핵심포인트입니다.

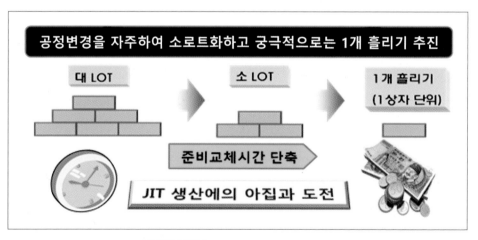

그림 6-5   소로트 생산흐름 도전

■ 공정변경시간 단축 착안점

기종변경 시간단축의 효과는 공수절감이 아니라 공정변경 횟수 증가로 대기재공을 줄이는 것이다.

- 공정변경은 전문공(공정변경담당은 우수한 사람을)에게 맡기라. 오퍼레이터는 놀려라.
- 핵심은 표준화와 숙련과 훈련이다. 하루의 공정변경횟수를 가능한한 많이 늘리도록 한다.
  - 일에서도 스포츠에서도 머리가 이해하는 것과 실제는 다르다. 몸이 기억하는 것은 숙련 밖엔 없다. 그것도 개수를 감당할 수 있어야 한다.
- 크레인이나 호이스트를 사용하는 동안에는 진행되지 않는다. 전용대차를 사용하자
- 1초, 2초, 3초 등의 조금씩 조금씩 단축해 나가는 것이 결국은 열매를 맺게 된다.
- 공정변경 시간이 조금이라도 단축이 되면 우선적으로 대기재공을 조금 줄이도록 하자
  - 단축한 부품은 로트를 조금이라도 작게하여서 생산하기 시작한다. 이것이 가장 중요한 포인트이다.
- 공개적인 공정변경을 시도하여 주변에 보여주어서 놓치고 있는 쉬운 방법은 없는지를 찾아내고 우리 현장에 맞는 방법을 표준화, 공유화해 나간다.
- 라인정지가 최소한으로 되도록하고 대기장의 대기재공이 늘어나지 않도록 매일 체크한다.

■ 공정변경시간 단축 수순과 주요 방법

공정변경시간을 줄이는 수순과 방법을 아래도표에 정리 해보았습니다. 그러나, 여기서 가장 중요한 것은 현장관리자 및 현장사원의 Set Balance를 맞추어서 제품의 회전을 좋게하여 납기를 가장 빨리 맞추겠다는 사상과 의지가 필요합니다. 또한, 신속하고 용이하게 공정변경을 지속적으로 해낼 수 있도록 각종 Jig나 tool 및 utility에 대해서 간이자동화를 꾸준히 접목시켜 주어야만 합니다. 아무리 의지가 강해도 쉽지 않으면 중간에 포기를 하거나 거부를 하여서 체계가 정착이 되지 못합니다.

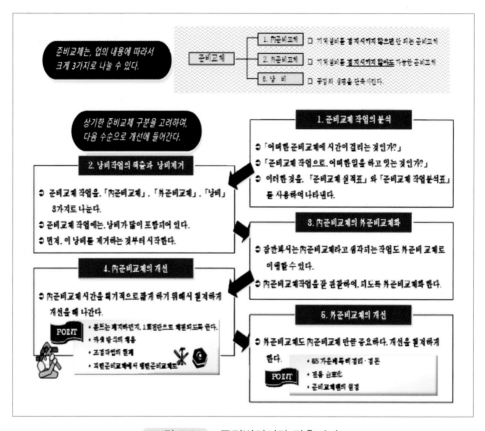

그림 6-6   공정변경시간 단축 수순

상기의 수순과 방법에 의해서 공정변경시간을 줄여주어서 소로트흐름 생산이 제조현장에서 지속적으로 정착이 되려면 먼저, 공정품질의 정착화(Built In Quality)가 선행되어져야 하고, 그 다음으로는 표준 작업을 시행하여 cycletime과 표준재공 및 작업수순이 항상 일정하게 반복이 되도록 관리가 되어져야 하며, 마지막으로는 Tacttime생산으로 연결이 되어서 공정변경시점이 가시화 되도록 하여야만 합니다.

6 평균화(평준화) 시스템 운영

전체의 능률을 올리고, 유지하도록 한다.

▪ 평준화 생산의 필요성

평준화생산은 제품을 가장 저렴하게 만드는 방법이다. 종류와 양의 산포를 없애고, 재공품의 최소화를 달성하는 것이 공장전체의 능률을 최고로 유지시킨다. 특히, 최종공정의 평준화가 중요하다. 최종 공정에 산포가 생기면 앞 공정은 변동하는 Peak치에 대응할 수 있도록 재고, 설비, 인원을 준비해둘 필요가 있으며, 이것은 앞 공정에 가면 갈수록 커진다. 후 공정의 낭비가 앞 공정의 낭비를 배가시키게 된다.

▪ 평준화 생산의 포인트

개개 제품(종류)의 생산수량을 하루 평균 동일수로 할당하는 것을 평균화라고 말하고 평균화된 것을 다시 세분화하는 것을 "평준화" 라고 말한다.

- 각 제품이 제각기 팔리는 Timing에 맞추어 생산되는 상태로서, 이 Timing을 "Tacttime"이라 한다.
- 각각의 제품을 그 제품의 Tacttime으로 만드는 체계와 방법을 "생산의 평균화"라고 말한다.

▪ 평준화 생산의 목적

- 목적 1 : 변동이 없는 생산지시 정보를 통해서 1Set 흐름생산을 하고자 한다.
- 목적 2 : 평준화 생산을 통해서 납기준수에 지장을 초래하는 현장의 낭비요소를 드러내어 개선한다.
- 목적 3 : 고객의 다양한 요구에 대응할 수 있는(눈으로 보는 관리) 강한 라인을 만든다.

▪ 평준화 생산의 수순과 방법

- 평균화 생산 서열과 량을 결정하는 수순과 방법

    Step 1 : 관리 Timebucket을 기준으로 관리 Timebucket 동안의 품목별 출하수량과 일별 생산능력을 도출한다.

    Step 2 : 품목별 출하수량을 일별 생산능력으로 나누어서 Timebucket 동안의 생산빈도를 산출한다,

Step 3 : 품목별 생산차수에 따른 생산주기를 산출한다.(생산차수÷빈도)

Step 4 : 생산빈도를 기준으로 내림차순 정리를 한다.

Step 5 : 생산주기가 빠른 것 중심으로 생산서열화 시킨다.

[표 6-2] 가공공장의 사례

Part Name	Part Number	주간단위필요량	일산능력	생산빈도	1			2			3			4		
					주기	서열	생산수량	주기	서열	생산수량	주기	서열	생산수량	주기	서열	생산수량
BKT	M6-38BH	7,368	1,888	4	0.25	1	1,888	0.50	5	1,888	0.75	8	1,888	1.00	12	1,704
BKT	M6-08BH	4,240	1,650	3	0.33	2	1,650	0.67	6	1,650	1.00	10	940			
Holder	AX-0150	1,480	688	3	0.33	3	688	0.67	7	688	1.00	11	104			
Holder	MV-8651	24,112	20,983	2	0.50	4	20,983	1.00	9	3,129						

- 다 Cycle 생산 서열과 량을 결정하는 수순과 방법

Step 1 : 관리Timebucket을 기준으로 관리 Timebucket 동안의 품목별 출하수량과 shift별 생산능력을 도출한다.

Step 2 : 품목별 출하수량을 shift별 생산능력으로 나누어 Timebucket 동안의 생산빈도를 산출한다.

Step 3 : 품목별 생산차수에 따른 생산주기를 산출한다.(생산차수÷빈도)

Step 4 : 생산빈도를 기준으로 내림차순 정리를 한다.

Step 5 : 생산주기가 빠른것 중심으로 생산서열화 시킨다.

[표 6-3] 가공공장의 다싸이클 사례

Part Name	Part Number	주간단위필요량	SHIFT능력	생산빈도	1			2			3			4		
					주기	서열	생산수량	주기	서열	생산수량	주기	서열	생산수량	주기	서열	생산수량
BKT	M6-38BH	7,368	944	8	0.13	1	944	0.25	4	944	0.38	7	944	0.50	10	944
BKT	M6-08BH	4,240	825	6	0.17	2	825	0.33	6	825	0.50	9	825	0.67	14	825
Holder	AX-0150	1,480	344	5	0.20	3	344	0.40	8	344	0.60	11	344	0.80	16	344
Holder	MV-8651	24,112	10,491	3	0.33	5	10,491	0.67	13	10,491	1.00	19	3,130			

Part Name	Part Number	주간단위 필요량	SHIFT 능력	생산 빈도	5			6			7			8		
					주기	서열	생산수량	주기	서열	생산수량	주기	서열	생산수량	주기	서열	생산수량
BKT	M6-38BH	7,368	944	8	0.63	12	944	0.75	15	944	0.88	18	944	1.00	22	760
BKT	M6-08BH	4,240	825	6	0.83	17	825	1.00	21	115						
Holder	AX-0150	1,480	344	5	1.00	20	104									
Holder	MV-8651	24,112	10,491	3												

[표 6-4] 조립공장의 다싸이클 사례

Part Name	Part Number	일산 능력	SHIFT 능력	생산 빈도	1			2			3			4		
					주기	서열	생산수량	주기	서열	생산수량	주기	서열	생산수량	주기	서열	생산수량
BKT	M6-38BH	1,888	944	2	0.50	1	944	1.00	5	944						
BKT	M6-08BH	1,650	825	2	0.50	2	825	1.00	6	825						
Holder	AX-0150	688	344	2	0.50	3	344	1.00	7	688						
Holder	MV-8651	20,982	10,491	2	0.50	4	10,491	1.00	8	10,491						

■ 평준화 생산 서열과 량을 결정하는 수순과 방법

단, 가공공장에서는 현실적으로 공정변경횟수에 걸려서 실현 불가능 함.

Step 1 : 관리 Timebucket 동안의 품목별 일산능력과 수납도구(또는 운반구)의
수납수를 도출한다.

Step 2 : 품목별 일산능력을 팔레트나 대차의 수납수로 나누어서 Timebucket
동안의 생산빈도를 산출한다.

Step 3 : 품목별 생산차수에 따른 생산주기를 산출한다.(생산차수 ÷ 빈도)

Step 4 : 생산빈도를 기준으로 내림차순 정리를 한다.

Step 5 : 생산주기가 빠른것 중심으로 생산서열화 시킨다.

[표 6-5] 조립공장의 평준화 사례

Part Name	Part Number	일산 능력	파레트 수납수	생산 빈도	1			2			3			4		
					주기	서열	생산 수량	주기	서열	생산 수량	주기	서열	생산 수량	주기	서열	생산 수량
BKT	M6-38BH	1,888	300	7	0.14	1	300	0.29	3	300	0.43	6	300	0.57	9	300
BKT	M6-08BH	1,650	300	6	0.17	2	300	0.33	5	300	0.50	8	300	0.67	11	300
Holder	AX-0150	688	300	3	0.33	4	300	0.67	10	300	1.00	16	300			
Holder	MV-8651	20,982	10,000	2	0.50	7	10,000	1.00	15	10,000						

Part Name	Part Number	일산 능력	파레트 수납수	생산 빈도	5			6			7		
					주기	서열	생산 수량	주기	서열	생산 수량	주기	서열	생산 수량
BKT	M6-38BH	1,888	300	7	0.71	12	300	0.86	14	300	1.00	18	300
BKT	M6-08BH	1,650	300	6	0.83	13	300	1.00	17	300			
Holder	AX-0150	688	300	3									
Holder	MV-8651	20,982	10,000	2									

■ 조립공장에서 평준화 생산을 하기위한 조건의 리뷰

조건 1 : 부하 평준화를 위한 PRODUCT MIX를 실시한다.

조건 2 : 영업의 출하량과 주기의 편차가 작아야 한다.

      ① 월초집중, 월말 밀어내기식 출하의 배제

      ② 고객과 절충하여 납기관리가 가능해야 한다.

      ③ 긴급조달, 긴급생산 억제? 계획변경의 통제

조건 3 : 부하의 평준화가 가능해야 한다.

      ① 월초-월중-월말의 출하량 편차가 작아야 한다.

      ② 월간 Leadtime별 생산량 편차를 흡수, 조정이 가능해야 한다.

조건 4 : 생산능력의 안정화

      ① 설비고장의 배제 - 可動率

      ② 불량을 없앤다. - 품질보장의 자동화, 불량막이

      ③ 유연한 인원편성 - 少人化生産

조건 5 : 부하에 능력을 맞추어서 생산한다.

① 작은 설비를 싸게 만들어서 라인화를 하고, 능력이 여유가 있어야 한다.

② 외주조립과 Parttimer 및 계절공 운영이 가능해야 한다.

③ 순간 부하 대응을 위해서 잔업 또는 휴일출근이 가능해야 한다.

■ LOT 생산과 평준화 생산의 비교(조립공장에 국한 됨)

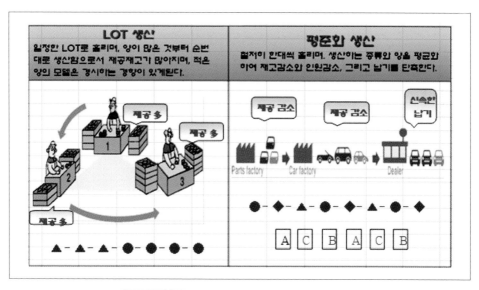

그림 6-7   LOT 생산과 평준화 생산의 비교

7 한량경영(限量經營)으로 필요한 것을 싸게 만들자

한량경영(限量經營)은 생산패턴이라기 보다는, 평준화생산 레벨공장에서 수율로스와 불량로스를 없애고, 조업일수를 단축하여 변동가공비를 줄여서 수주가 줄어도, 싸게 만들어 내는 방식이라고 하겠다. 이 방식을 먼저 추구한 사람은 도요타 자동차의 오노다이이치 부사장으로서 수주량이 줄어도 변동가공비를 줄여서 손익분기점(B.E.P)를 내리는 방식이다. 그러나, 흔히들 감량경영(減量經營)과 혼동하는 사람이 많은데, 분명 다른 방식이다.

■ 감량경영(減量經營)과 한량경영(限量經營)을 비교하여 보자

감량경영이란 불황이나 수주량이 저하된 경우에 수익악화를 막기 위하여 생산능력 대비 생산량을 일정규모로 축소하거나, 차월, 차차월 수주저하를 감안하여 생산량을 일정규모로 축소, 조정 해나가는 생산방식이라면, 한량경영은 팔리는 만큼만 생산한다는 것으로서, 수주가 증가할 경우를 예측한 추가생산, 선행생산 등을 일체 하지 않는 생산방식을 말합니다.

■ 한량경영으로 싸게 만드는 방법을 강구하자

우리는, 한량경영을 통해서 제한된 량을 얼마나 싸게 만들어 내는가를 추구해 나가야만 합니다. 만약에 50,000개 밖에 수주가 없는데도 다음 달에 수주가 늘어날 것이라는 예측 하에 이번 달에 60,000개를 만들게 되면 설비가동률은 오를지 모르지만, 추가로 만들어진 10,000개는 모두 제조비용으로 추가되어서 제조원가가 올라가

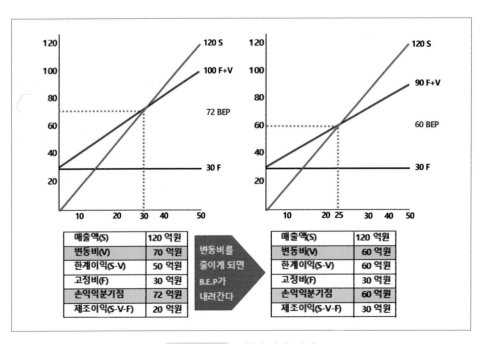

그림 6-8   한량경영 사례

고 재공품만 쌓이게 됩니다. 또한, 수주예측의 정확도가 떨어지거나, 수주처의 수주량 변경이 일어나게 되면, 미리 만들어진 10,000개는 모두 부진재고(sleeping stock) 또는 사장재고(dead-stock)로 변질되어, 현금흐름이 나빠져서 결국은수익성이 저하되게 됩니다. 경리부문으로 보더라도, 손익분기점(B.E.P)은 고정비÷한계이익율이므로 고정비는 수주량과 상관없이 일정한데 우리가 예측생산, 선행생산 등으로 수주량보다 더 생산을 하게 되면 동일한 매출인 경우 재료비가 더 많이 투입 되어서 한계이익율만 나빠져서 손익분기점 매출액은 올라가고 이익은 줄어 듭니다. 반대로 동일 매출액인 경우에는 [그림 6-8]과 같이 변동비를 줄이면 B.E.P는 내려가서 이익이 늘어납니다.

■ 생산현장에서의 한량경영 구현방법

따라서, 우리가 매출증대보다는 한량경영을 통하여 싸게 만드는 사고방식과 제조풍토를 만들어 나가야만 합니다. 그러기 위하여는 제조현장에서 다음과 같은 방법으로 변동비를 줄이고 한량경영을 구현하도록 해보자.

첫째로 예측생산, 선행생산, 과잉생산의 3대 악습을 철저히 배제하여 불필요한 재료비 투입을 원천봉쇄한다.

둘째로 품질특성치(C.T.Q) 관리로 불량발생을 차단하여 재투입, 폐기등의 불량로스를 없앤다.

셋째로 부품 및 소재의 원단위 관리로 수율로스를 줄여 나가는 방안을 강구하도록 합시다.

넷째로 병목공정의 생산성향상으로 조업일수를 줄여서 변동가공비를 저감하도록 하자.

3 ｜ 관리회계 측면으로 바라 본 생산현장 개선 방향(NNW : North by North West)

생산현장이란, 매출과 생산이라는 활동을 하기 위해서 자본가(주주 포함)가 자기자본(순자산 : Equity)을 투입하여 만들어진 유기체이다. 여기서 활동하는 관리자들은 투하된 자기자본에 대해서 최소한 얼마 이상의 영업이익을 내어야 하는가를 최우선적으로 생각하고 판매 및 생산활동을 해야만 한다. 따라서 이 두 가지에 대한 산식과 활용법에 대해서 알아보도록 하자.

1) 우선적으로, 매출액에 대한 자산비율(ASR)을 알아야만 한다.

　　매출액에 대한 자산비율(ASR : Assets to Sales Ratio)이란 매출을 달성하기 위해 어느 정도의 자기자본(자산에서 부채를 차감한 순자산)이 투하되었는가를 나타내는 지표로서 보통 0.4이상 0.9이하에서 관리 가 되어야 한다. ASR을 산식으로 표현하면 순자산(N)÷매출액(S)으로 표시가 된다. ASR은 단순비율로서 작을수록 좋다.

2) 그 다음으로는, 순자산에 대한 영업이익율 즉, 순자산이익율(RONA : Return On Net Assets)을 알고 있어야한다.

　　다시 말하면, 투하된 순자산(N)에 대해서 생산, 판매 활동을 통해서 제조부분(공장)에서 얼마의 이익(DNE : Division Net Earnings(G))을 냈는가에 대한 지표로서 백분율(%)로 표시가 된다. 이 DNE(G)는 크면 클수록 좋다.

3) 매출액이익율(ROS : Return On Sales)은 RONA와 ASR의 곱으로 나타난다.

　　순자산이익율(RONA)는 매출액이익율(ROS : Return On Sales)를 매출액 대비 순자산비율(ASR)로 나누어서 산출되게 된다. 따라서 ASR은 투자부분 및 경영활동과 연관된 것으로 공장 측면에서는 재고자산을 줄이고, 설비, 토지, 건물 등의 유형고정자산을 축소시키거나 매입채무를 변제하여 순자산을 줄이도록 하는 동시에 DNE를 증대시키는 방법으로는 외주가공비의 Cost Down, 운송비 저감과 불량저감 및 수율향상, 조업일수 저감을 통한 변동가공비를 줄이는 방법을 적극 추진하도록 해야 합니다.

■ RONA, ROS 및 ASR 관련산식

$$RONA = \left[\frac{DNE}{\underline{매출액}} \right] \div \left[\frac{순자산}{\underline{매출액}} \right] = \frac{DNE}{순자산}$$

ROS　　　　　ASR

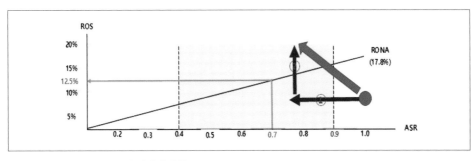

그림 6-9   RONA, ROS 및 ASR 관계도

ASR이 0.7인 상황에서, RONA가 17.8%라면 ROS는 12.5%가 됩니다. RONA가 올라가는가, 내려가는가에 따라서 ROS도 오르거나, 내리게 됩니다.

4) 필요 영업이익율(ROS : Return On Sales)을 산출하고 관리하는 수순과 방법

상기 [그림 6-9]에서 보는바와 같이, 같은 RONA가 주어줘도 ASR이 작으면 작을수록 필요이익율은 내려가게 된다. 따라서 우리가 생판활동을 하기 전에 생산현장 즉, 공장에 깔아놓은 돈 즉, 순자산 중에서 불필요한 투자를 막거나, 또한 이미 투자된 자산 중에서 불필요한 자산은 제거하여 도표와 같이 ASR을 왼쪽으로 옮기고(①번 방향), 그런 후에 현장의 낭비제거와 효율향상등을 통하여 제조이익율을 증대하는 수순(②번 방향)활동하여, 이 두가지 활동을 통하여 얻어지는 이익율(ROS)은 북북서(NNW : North by North West) 방향으로 기울어지면서 나타난다.

4 | **관리회계 측면의 생산현장 개선 방법(노동분배율과 한계이익율 개선)**

1 노동분배율 및 한계이익 구조도

인건비라는 것은 판매활동 결과로 공장내부에 남는 수익인 한계이익 중에서 지불되는 고정비의 일부이다. 그리고 인건비를 한계이익으로 나눈 값으로 표현하여 한계이익 중에서 얼마의 비율만큼 인건비로 지불이 되었는가를 노동분배율이라고

칭한다. 또한 매출액 중에서 한계이익이 얼마나 되는가를 나타내는 지표를 한계이익율이라고 해서 한계이익을 매출액으로 나눈값으로 표현하고 있다. 그래서 제조현장의 관리자들은 단순히 재무회계에서 사용하는 인건비비율 보다는 판매활동으로 얻은 한계이익율과 한계이익중에 지불되는 노동분배율을 서로 곱하여서 사용하면 한계이익율을 올릴것인가? 아니면 노동분배율을 저감 할 것인가?에 대한 방향과 방법을 찾아서 개선하기가 쉬워진다. 노동분배율(R1)및 한계이익율(R2) 구조도 및 산식을 [그림 6-10]에 정리하여 도식화 하였고, [그림 6-11]에는 한계이익을 증대시키거나, 노동분배율을 저감 할 때에 인건비비율, 고정경비율 및 영업이익율의 증감을 도식화시켜 놓았습니다. 인건비비율, 고정비비율 및 영업이익율에 대한 관련 산식을 아래에 정리하여 기술하였습니다.

- 인건비비율(w) = 인건비(W)÷매출액(S) = 노동분배율(R₁)×한계이익률(R₂)
    = [인건비(W)÷(한계이익(S-V)÷매출액(S))]×[(한계이익(S-V)÷매출액(S))÷매출액(S)]

- 고정비비율(f) = 고정비(F)÷매출액(S) = 인건비비율(w)×고정비계수(k)
    = [인건비(W)÷매출액(S)]×[고정비(F)÷인건비(W)]

- 영업이익률(ROS) = 한계이익률(R₂)-고정비비율(f)

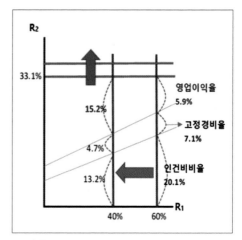

| 그림 6-10 | 노동분배율(R_1) 및 한계이익률(R_2) 구조도 |

| 그림 6-11 | R_1, R_2 변화에 따른 비용의 증감도 |

2 노동분배율 저감을 통한 고정비비율과 인건비비율 및 영업이익율 목표 설정 방법

예를 들어서, 현재의 노동분배율이 60.6%이고, 한계이익율이 33.1%이며, 고정비 계수는 1.36인 공장에서 노동분배율을 40%로 저감하겠다고 목표를 잡는다고 가정 한다면, 아래 도표와 같이 인건비비율과 고정비비율 및 영업이익율이 산출되어져 서 현재와 개선목표지표가 정량적으로 산출이 되어지고, 각각의 항목에 대해서 부 문별로 개선항목을 찾아서 세부시행 방법과 레벨을 정량적으로 산출하여 개선에 임하고 목표 대비 개선진척율을 관리, 조율할 수가 있게 된다.

[표 6-6] 노동분배율(R_1) 저감을 통한 비용의 감소

구분	현재의 노동분배율(60.6%)	개선목표 노동분배율(40.0%)
인건비비율 (w)	w = 노동분배율(R_1)×한계이익률(R_2) = 60.6%×33.1% = 20.1%	w_0 = 노동분배율(R_1)×한계이익률(R_2) = 40.0%×33.1% = 13.2%
고정비비율(f)	f = 인건비비율(w)×고정비계수(k) = 20.1%×1.36 = 27.2%	f = 인건비비율(w_0)×고정비계수(k) = 13.2%×1.36 = 17.9%
영익이익률 (ROS)	ROS = 한계이익률(R_2) − 고정비비율(f) = 33.1% − 27.2% = 5.9%	ROS_0 = 한계이익률(R_2) − 고정비비율(f) = 33.1% − 17.9% = 15.2%

3 노동분배율과 한계이익율 지표의 안정성 평가

1) 노동분배율

노동분배율(R_1)로서 생산성과 임금의 관계를 보는데 대단히 중요한 요소이다. 높 은 생산성의 기업에서는 노동분배율이 낮고, 낮은 생산성의 기업은 높아지고 있다. 또한 노동분배율이 높아진다는 것은 기업에 있어서는 위험신호이다.

25% 이하	25%~30%	30%~40%	40% 이상
우수	보통	요주의	위험

2) 한계이익율

한계이익으로는 종업원배분, 사외배분 및 사내배분으로 사용되며 보통 매출액대비 약 30% 정도가 되어야 부문별로 10% 정도씩 배분이 가능해집니다. 따라서, 한계이익은 30% 이상이 좋습니다.

3) 고정비계수

고정비 계수로 인건비와 제반 경비, 설비 투자의 상황을 알 수 있다. 인건비를 흡수하기 위한 소인화의 설비투자는 필요하다. 고정비 계수(k)의 일반적인 기준은 아래와 같다.

조립위주의 공장	가공설비중심 공장	장치산업
1.6~1.8	2.0~2.2	2.4~2.6

4 노동분배율과 한계이익율을 토대로 보유가능한 정원(T/O)을 산출하여 개선해 나간다.

위에서 언급한 노동분배율과 한계이익율 및 고정비계수를 이용하여, 현재 보유인원이 m명인 공장의 보유 가능한 정원(T/O)을 아래 산식을 이용하여 산출이 가능해 집니다. 목표이익율을 얼마로 책정하느냐에 따라서, T/O가 보유인원보다 작을 수가 있습니다. 이럴 경우에는 목표이익율을 낮추든가, 아니면 인원을 줄이든가 하여야 합니다.

$$보유가능인원(T/O) = \frac{\dfrac{한계이익율(R_2) - 목표이익률(g^*)}{고정비\ 계수(k)}}{노동분배율(R_1) \times 한계이익율(R_2)} \times 현재인원(m)$$

5 생산현장 측면에서 바라 본 Value Driver Tree

노동분배율과 한계이익율 및 고정비계수와 관련된 Cost Driver를 이익율증대, 회전율증대 및 성장율향상으로 구분하여 연관성중심으로 Value Driver Tree를 만들어 보았습니다. 생산현장 및 운영시스템 혁신 테마와 관리회계상의 인자를 매치시켜서 지속적인 혁신의 도구로 이용하시기 바랍니다.

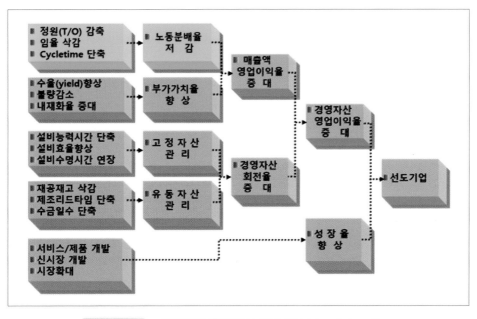

그림 6-12   생산현장 측면에서 바라 본 Value Driver Tree

07
CHAPTER

생산현장의 품질 만들어넣기

1 | 품질은 V.O.C에서 시작되고 공정에서 확인하는 것에서부터 시작된다.

품질은 고객의 클레임(V.O.C : Voice Of Customer)에서 시작되고, 이것을 대응하기 위하여서 품질특성치(C.T.Q : Critical To Quality)를 도출하여 관리표준(C.T.P : Critical To Process : 공정관리기준치)을 만들고 공정에서 확인하여 고객으로의 유

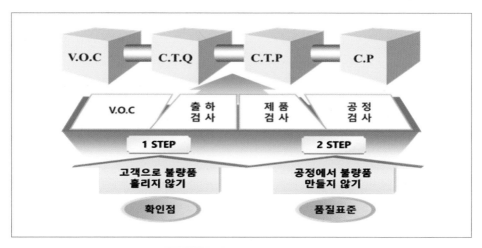

그림 7-1　품질 확보 절차

출방지를 할 수 있는 계획(CP : Control Plan : 관리계획서)을 작성하여 통제하는 것으로 부터 출발한다. 그러므로 품질을 확보하기 위해서는 지키기 쉽고, 이상발생을 감지할 수 있는 도구나 방법을 끊임없이 찾아서 삽입해 주어야 한다.

2 | 품질은 사람과 공정에서만 만들어진다.

소비자가 1개의 불량을 인수하게 되면 그 회사 상품을 7년간 사지 않는다는 통계가 있다. 우리가 작업을 하는 중에 공정에서 품질을 만들어 넣는다(Built In Quality)는 사고를 가지는 것이 우선해야 할 전제이며 무엇보다도 중요한 전제조건이다.

따라서, 작업 중에 불량이 발생되면 우선 공정을 멈추어야만 한다. 그러기 위해서는 ① 1개 또는 1 set씩 만들고 ② 정해진 표준작업으로 반복생산을 하여 재현성을 확보하고 ③ 모으지 않고 후 공정으로 흘리기 생산을 하는 동시에 ④ 리드타임을 단축하는 것이 현장작업중에서 중요한 품질확보 근간이 되게 됩니다.

공정 불량이 발생 시에 공정을 멈추어서 불량이 나오는 요인을 도출하여 즉개선한 후에 5-why 분석을 통해서 진인을 찾아 재발방지가 되도록 하는 습관과 체계를 정착해 나가면 공정에서 품질을 확보할 수가 있게 됩니다. 불량을 방지하는 방법으로는 불량을 후공정으로 보내지않는 유출방지와 자공정에서 불량이 발생되지 않도록 하는 발생방지의 두 가지가 있습니다만, 우선적으로 전수검사나 자동검출장치로 후공정으로 불량이 흘러가지 않도록 하고 그 다음으로는 자공정의 품질특성치(C.T.Q : Critical To Quality)를 도출하여 그것을 방지하기 위한 공정관리항목(C.T.P : Critical To Process)을 설정하여 검지나 예지가 되도록 자동화를 하는 것입니다. 두 번째 방법이 발생방지 단계입니다.

3 | 품질관리 3원칙과 준수방안

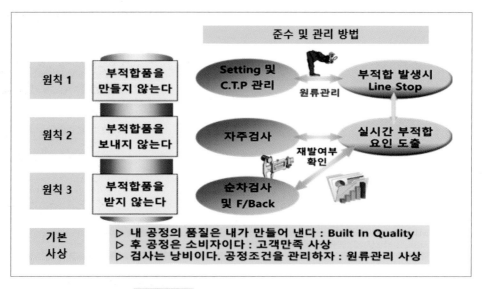

그림 7-2 품질관리 3원칙과 준수방안

4 | 품질 만들어 넣기 착안점과 기본원칙 및 방법

1 착안점

1) 착안점 1

공정에서 만들고 있는 제품의 기능이나 검사부위에 대한 검사기준과 방법을 작업자나 현장감독자가 알도록 교육을 시켜서 공정조건의 레벨과 Spec의 요구조건 등에 대해서 자각하고 인식하게 하면 불량이 발생될 경우에 자신들의 책임으로 철저히 통감하고 사전방지나 유출방지에 많은 노력을 기울이게 됩니다. 우리들은 보통 품질보증을 하기 위해서 설비나 치공구 및 공정조건에 신경을 많이들 쓰면서도 작업자나 감독자의 기능교육이나 검사스킬 교육은 많이 등한시 하는 경우가 많습니다.

2) 착안점 2

아무리 좋은 설비나 재료를 사용하더라도, 품질은 사람으로 인해서 결정이 된다. 왜냐하면 작업자간의 작업스킬차이와 검사스킬차이가 발생이 되기 때문이다. 따라서 되도록이면 작업자의 손끝이나 능력에 의지하기 보다는 기계설비에 의한 작업으로 전환시키는 것이 필요하며 그것도 지혜 있는 자동화(自働化)로 개선하도록 하자.

3) 착안점 3

현행범 체포의 사상과 풍토를 정착해 나가자. 불량이 발생되면 현장에서 실시간으로 현물을 살펴서 그에 대한 요인을 도출하고, 즉시 공정조건을 수정하거나, 작업방법을 바꾸도록 하자. 어디까지나 현장에서 철저히 불량원인을 해결하도록 하자. 절대로 Data로는 해결이 안되는 것이다.

4) 착안점 4

발견하여 조치하고 재발 방지한 사례들을 교육하고 공유하는 동시에, 현장감독자나 품질관리기사가 정리하여 설비관리, 생산기술이나 개발과 공유하도록 하자.

그림 7-3　품질 만들어 넣기 착안점

- USL(Upper Specification Limit) : 규격상한치 − 소비자가 요구하는 상한규격치
- LSL(Lower Specification Limit) : 규격하한치 − 소비자가 요구하는 하한규격치
  이것을 상, 하로 벗어나게 되면, 그림처럼 불량이 나서 고객클레임이 발생 됨
- UCL(Upper Control Limit) : 관리상한치 − 공정에서 관리하는 조건상한치
- LCL(Lower Control Limit) : 관리하한치 − 공정에서 관리하는 조건하한치
  따라서, USL과 LSL을 만족시키기 위해서 공정에서 USL이나 LSL 보다 좁게
  관리를 하고 있으며, 이것을 상, 하로 벗어나게 되면 부적합(NC : Non Con-
  firmance)가 발생되게 됨.

2 기본원칙과 방법

공정에서 작업자가 자기가 만드는 물건에 대해서 자수검사를 하는 것은 차공정(소
비자)에 대한 의무이다. 그것도 전수검사가 기본원칙이다. 그러나, 현실적으로 전수
검사를 하는것은 품질비용과 시간이 많이 소요가 된다. 따라서 후공정으로의 운반
로트에 대해서 Sampling 주기와 량을 정하여 검사를 하고(초물, 중물, 종물) 검사현
물을 공정에 비치하여 공정의 감독자나 QC 순회검사원 및 관리자가 현물을 보고
재 판단 조치를 하도록 공정에 비치하는 한편, 검사물중에서 불량이 나오면 그 로
트에 대해서는 전수검사 실시하면 이러한 방법도 전수검사의 원칙에 갈음할 수가
있게됩니다. 또 다른 현실적 제약으로는 공정작업자가 서로 다른 다양한 국적의 외
국인 작업자로 구성이 되어져 있어서, 스킬과 검사방법에 대한 교육이 어려워서 공
정 자주검사를 실시할 수 없는 경우도 많다. 이러한 경우에는 QC 순회검사원이 공
정의 Sampling 검사를 대신하여 전수검사 및 순회검사를 대신할 수도 있다.

두 번째로는 전수검사를 하되, 원류검사로 진행하도록하고 작업과 검사가 동시
에 1:1로 진행이 되게 한다. 다시 말하면, 공정작업 따로 검사 따로 분업화 되어있으
면 시간과 비용과 장소가 더 많이 소요가 되므로 작업자가 작업과 동시에 주요 부
위를 검사하도록 하고, 뒷 공정에서 부품을 순차검사(Timecheck)할 것이 아니라, 자
공정에서 원류검사로 진행하도록 한다.

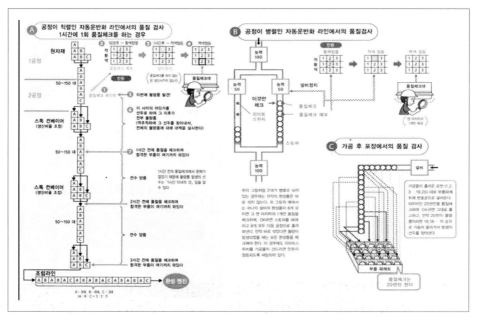

그림 7-4   도요타의 공정검사 사례

세 번째로는 검사지그나 측정구(버니어캘리퍼스, 마이크로미터, 다이알 게이지 등)로 검사를 하지 말고 자사가 만든 Checker를 제작하여 사용하자. 검사 Checker 란, 작업성이 좋은 One Touch Gauge 방식의 NO-GO Gauge를 말한다.

네 번째로는 Fool Proof(실수방지 장치)로 불량을 흘리지 않도록 한다. 표준작업 이나 자주검사 및 전수검사 등으로도 불량 Zero화는 잘 되지 않는다. 즉, Human Error를 피하기가 어렵다는 것이다. 공정의 불량유출을 차단하는 마지막 도구로서 순차검사 기능을 가지는 Fool Proof 장치가 필요해 진다.

실수방지 도구(Fool Proof)의 구체적인 방법으로는

① 핀, 틈, 가이드 : 작업망각이나 깜박실수가 있으면 제품이 Jig에 부착되지 않 게 한다.

② 리미트스위치 : 카운터 연동, 센서와 연동 : 작업망각이나 깜박실수가 있으

면 기계가 작동하지 않음

③ 규제 가이드 : 가공실수가 있으면 chute 위에서 정지하고, 제품이 후공정으로 흘러가지 않는다.

④ 카운터, 센서와 연동 : 가공잘못이 생기면 경고램프가 점등하고 부져가 울린다.

❸ 품질 만들어 넣기 단계별 세부내용

1) 1단계 : 불량을 후공정으로 흘려 보내지 않는다(결과계의 대책)

- 불량보증 항목을 명확히 한다 : 품질특성치(C.T.Q)를 도출하여 표준화, 공유화시킨다.

- 불량보증 항목을 개선해 나간다 : C.T.Q를 달성할 설비나 장치를 공정에 삽입하고, 개선한다.

- 유출 불량 항목에 대해서 대책을 세운다 : 공정관리기준치(C.T.P)를 도출하고 대책을 세운다.

그림 7-5   눈으로 보는 공정관리

- 제품을 후공정으로 흘려 보내는 방법을 연구, 개선한다.
  - 흐름 속애서 검사를 하고, 1SET (1파레트)씩 후공정으로 보낸다.
  - 불량이 나오면 즉시, 라인이나 설비를 세운다.
- 불량이 나오면 실시간으로 현장에서 현물로 알 수 있도록 가시화 시킨다.
  - ANDON을 삽입하여 불량 발생시 경보를 하여 조치하도록 한다.
  - FOOL PROOF, 등으로 흐름규제나 자동정지가 되게 하여 후공정으로 흐르지않게 한다.
- 1단계에서 제일 중요한 것은, 현장사원이나 감독자에 대해서 C.T.Q 및 C.T.P에 대한 교육과 제품검사 SKILL을 지속적으로 교육해야 정착이 될 수가 있다.
- 감독자들은 작업자의 부주의와 잘못된 방법을 찾아서 지적하고 교육하여 부적합을 방지해 나간다.
- 유출된 불량 중 아래 기술한 대상들은 감독자와 QC기사 및 후공정 작업자가 서로 모여서 대상현물을 보면서 ONE POINT LESSON을 실시한다.
  - 애매모호한 품목 또는 작업자가 판단이 안되는 품목

그림 7-6   눈으로 보는 관리

- 전, 후공정 작업자와 QC 순회검사원 및 현장감독자간에 눈높이 차이가 발생된 품목
- 재발반복 발생되는 불량(또는 부적합) 유형 중 빈도가 제일 큰 품목

2) 2단계 : 불량을 만들지 않는다 (요인계의 대책)

- 설비, 금형 및 치공구에 대한 Maintenance 실시 및 고장 방지
- 투입되는 자재 및 부품의 검사 검수 철저로 불량품 투입 배제
- 가공조건에 대한 표준화 및 이상발생에 대한 예지나 검지장치 부착, 통제 (Fool Proof 장치삽입)

공정명	품질특성치 (CTQ)	제조를 위한 장치	공정특성치 (CTP)	기계 구분	품질표준 (SPEC)	관리기준	ANDON		점검		비고
							유무	설정치	주체	주기	
건식 신선	피막	피막조	피막조 온도	공통	90 ± 10℃	90 ± 7℃	●	90 ± 5℃			
			건조로 온도	공통	200 ± 50℃	200 ± 40℃	●	200 ± 30℃			
			염피막 농도	1B2412 1B2413 1B3201	15 ± 2%	15 ± 2%	x		작업자	1회/주	8H 시간에 실시
소둔	탈지품질	알카리 탈지조	알카리 농도	1A0602 1A0802 1A0804	18 ± 3pt	18 ± 3pt	x		시험실	1회/일	
			알카리 온도	공통	70 ± 10℃	70 ± 7℃	●	70 ± 5℃			
			정류기 전류	1A0602 1A0802 1A0804	600 ± 200Amp	600 ± 200Amp		600 ± 100Amp			안돈설치필요
		온수세조	온수조 온도		55 ± 10℃	55 ± 10℃	●	55 ± 7℃			
	피막	피막조	피막조 온도	공통	90 ± 10℃	90 ± 5℃	●	90 ± 3℃			
			건조로 온도	공통	150 ± 50℃	150 ± 40℃	●	150 ± 30℃			
		디스머팅조	알카리농도	공통	21 ± 2pt	21 ± 2pt	x		시험실	격일	#9311 투입
		액티베이션조	SNAC농도	공통	105 ± 45g/L	105 ± 45g/L	x		시험실	격일	
		니켈도금조	pH	공통	4.0 ± 0.2	4.0 ± 0.1	x	4.0	생산팀		안돈설치필요
			온도	공통	60 ± 5℃	60 ± 5℃	●	60 ± 3℃			
		온수세조	온도	공통	55 ± 10℃	55 ± 10℃	●	55 ± 7℃			
			온수조 pH	공통	pH 7 ± 1	pH 7 ± 1	x				현재안돈및점검없음

그림 7-7　가공조건 통제 사례

3) 3단계 : 공정품질보증 및 표준화

- 공정능력 확보 (Cpk=1.33 이상)
- 전사적 설비보전 및 개선제안 활성화

- 앞 공정이나 원재료의 부적합은 요인이 아니다[재료 부분] – 처음부터 사용하지 말았어야 한다.
  - 공정에 투입하기 전에 반드시 순차검사를 하여서 걸러 내도록 습관화 시킨다.
- 작업자의 부주의나 실수 등으로 생기는 것은 현장에서 현물로 실시간 점검-교육-독려를 지속적으로 하고 요인계통도를 작성할 필요가 없다[사람 부분] – 요인계통도 작성 대상이 아님

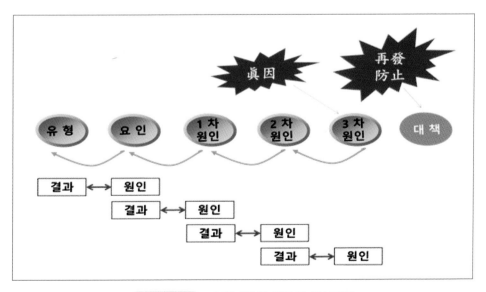

그림 7-8　요인계통도 구조와 구성인자

- 스킬차이, 눈 높이 차이 등에 대해서는 O.J.T나 TRAINING을 시켜서 작업을 하도록 해야 한다.
- 실수나 부주의는 사람인 이상 스킬이나, 눈 높이와는 별개로 발생할 수가 있는 우연요인이다. 따라서 이 부분은 FOOL-PROOF 장치나 LINE STOP 으로 해결해야 한다. 이것이 안되는 경우는 현장 감독자가 지속적으로 점검-교육-조치를 지속적으로 해 나가서 걸러주거나, 줄여주어야 한다.

- 부적합 요인계통도를 작성하여서 재발이 안되도록 해야하는 주요 항목은 주로 설비 트러블과 공정조건 이상에 초점을 맞추어서 이상이 발생 안 되도록 하는데 있다[표준설정 및 준수 부분]
- 요인을 기록하고 요인계통도를 작성하는 원칙과 방법
  - 요인계통도 구조와 구성인자의 이해
  - 요인이란? 부적합을 발생시킨 주요인자를 말한다.
  - 진인이란? 주요인자가 이상을 일으키는 실마리 또는 근원을 말한다.

    [사례]

불량유형	요인(要因)	진인(眞因)
깍임 발생	다이스 파손	장기간 사용

  - 실시간의 원칙 : 요인은 추측을 해서는 안된다. 반드시 현행범을 체포하여서 도출시킨다.
  - 한 가지 유형에는 반드시 하나의 요인 밖에 존재하지 않는다.
- 요인계통도를 작성하는 방법
  - 대상 : 선택과 집중의 원칙 [ONE POINT LESSON의 원칙]
  - 도구 : 5-WHY
  - 방법 : BRAINSTORMING - 제조/생기/공무/QC/자재가 모여서 요인에 대한 발생 원인을 역전개 시키면서 숨어있는 진인을 찾아낸다.
  - 요인계통도 작성 사례(K사 포항공장 사례)
- 부적합(NC) 태그나 현물이력관리 대장에 기록하는 방법중에서 시정이 필요한 부분

– 조치 : 현장 감독자가 하는 조치와 QC가 하는 조치를 구분하여서 운영하자

  • 현장 조치 : 설비 수리, 공정조건 수정, 공정 스톱 등의 공정에서 수행할 사항을 기록

  • QC 조치 : 폐기, 전용, 재투입, Downsizing 등의 품질에 미치는 부분을 기록 조치

순	유형	요인	1차원인	2차원인	3차원인	대책	담당	기한	재발여부 점검
1	실킴	로라 마모	점검 미실시	점검 기준과 도구 부재		600시간마다 체크 및 교환	박○가	08월 01일	
						경보 ANDON 삽입 운영	박○가	08월 01일	
		블록 마모	점검 미실시	깜빡 실수		경보 ANDON 삽입 운영	박○가	08월 01일	
2	깍임	광중윤활제 부착량부족	부착량 관리 기준 부재	중요성 인식 부족		부착량 관리기준설정	이진○	08월 01일	
						한도견본 비치	이진○	08월 01일	
						부착량 측정주기 설정	이진○	08월 01일	
		습식윤활유 농도저하	윤활유농도 관리기준 부재	중요성 인식 부족		농도 관리기준설정	박○가	08월 01일	
						농도 측정주기 설정	박○가	08월 01일	
3	비비리	로라 마모	기준에 의한 점검 미실시	작업자 점검미흡	감독자 확인 소홀	점검 주기에 실시 여부 확인	박○가	08월 01일	
4	평면	광중윤활제 부착량부족	부착량 관리 기준 부재	중요성 인식 부족		부착량 관리기준설정	이진○	08월 01일	
						한도견본 비치	이진○	08월 01일	
						부착량 측정주기 설정	이진○	08월 01일	
		댄서실린더 작동불량	점검기준 부재	중요성 인식 부족		댄서실린더 관리기준 설정	○요환	7월 31일	
						댄서실린더 측정주기 설정	○요환	7월 31일	

그림 7-9 요인계통도 작성 사례

6 | 전, 후 공정간 품질보증을 위한 물류관리 제어조건

1) 전 공정 조건

  • 부적합품 유출방지를 위한 자주검사 실시 및 조치

  • 공정관리기준치(C.T.P) 준수 : 이상 발생시 예지 또는 검지도구 삽입 (Fool-Proof)

- 공정능력지수 1.33 이상 확보 (Cpk ≥ 1.33)

2) Store 및 Buffer 조건

- 표준 대기량 준수(정량 정위치)
- 선입선출(F.I.F.O) 장치 삽입
- 품목, 제조일자 및 로트번호 가시화

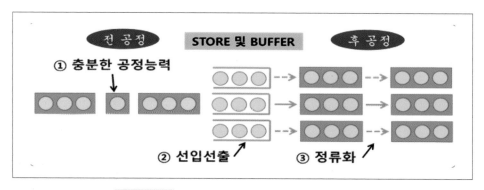

그림 7-10   품질보증을 위한 물류관리 제어조건

3) 후 공정 조건

- 표준작업 실시 및 조건 준수
- 순차검사 실시 및 부적합품 배제
- 정류화(整流化) 및 Tracking 용이

08
CHAPTER

풀 푸르프(Fool-Proof)

1 | FOOL PROOF란 무엇인가요?

일정한 작업을 반복할 때, 정보를 확인, 판단, 행동하는 과정에서 일일이 주의하지 않아도 불합리한 것이 발견, 파악되도록 하는 장치를 공정에 부착한 것이며, FOOL PROOF는 말 그대로 아무리 멍청한 작업자가 작업을 하더라도 불량품을 잡

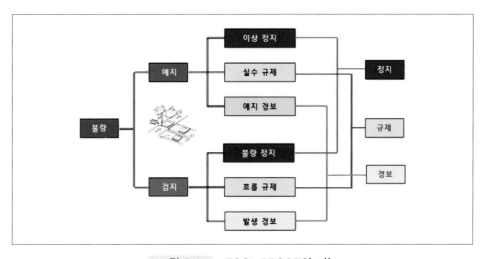

그림 8-1   FOOL PROOF의 기능

아낼 수 있는 안전판 같은 장치이다. FOOL PROOF 장치의 기능은 실수방지의 시점으로 분류되는 미연 방지가 가능한 예지기능과 실수가 발생된 후에 실수를 알리는 검지기능으로 나눌 수가 있다. 여기서 예지기능은 라인정지 여부에 따라서 이상정지와 실수규제 및 예지경보로 나뉘며, 검지기능은 불량정지와 흐름규제 및 발생경보로 나뉜다.

2 │ FOOL-PROOF와 불량 ZERO 개선의 기본정신

- **정신 1 : 품질은 공정에서 만드는 것이다**

  실수를 했다고 하더라도 불량이 될 수 없는 방법을 공정중에 만들어 넣는다. 즉, 전수검사가 기본이다!

- **정신 2 : 실수로 인한 불량은 반드시 없애라**

  "사람은 실수를 범하는 동물이다"라고 체념하는 것은 금물이다. "작업실수와 불량은 반드시 없앤다"라는 강한 의지가 필요하다.

- **정신 3 : 좋은 것은 바로하고, 나쁜 것은 즉시 없애라**

  "좋다는 것은 알고 있지만……"라는 망설임을 없애라.

- **정신 4 : 무조건 안된다고만 하지말고, 되는 방법을 생각하라**

  "그것은 안돼!"라고만 하지말고 "어떻게 하면 될까?"를 생각하자.

- **정신 5 : 60점이라도 좋으니까 일단 실시하라**

  개선에는 100점 만점을 반드시 기대할 필요가 없다. 60점이라도 좋다. "즉시, 실천하라"

- **정신 6 : 실수와 불량은 전원이 힘을 합치면 없앨 수가 있다**

  실수와 불량은 혼자 힘만으로는 없앨수 없다. 회사 차원에서 전사원이 힘을 합치는 것이 제일 중요하다.

- 정신 7 : 한 사람의 머리보다는 열사람의 지혜를 모으라

한사람의 머리도 중요하다. 그러나, 더많은 사람이 지혜를 모아 개선하는 것이
더욱더 중요하다.

- 정신 8 : 참된 원인을 "6하원칙"으로 추구하라

불량이 나면 "검사원이 잘못했어!"라고 말하는 것은 그만둬라. 왜? 불량이 나왔
을까를 "6하원칙"으로 생각해서 참된 원인을 파악하여 제거하자.

3 | FOOL-PROOF 검지기기 종류

1) 접촉식 검지기

MOTOR-SWITCH, LIMIT-SWITCH, TOUCH-SWITCH, 차동 TRANS 등

2) 비접촉식 검지기

광전식 SWITCH, 근접식 SWITCH, 위치결정 SENSOR, 치수 SENSOR 변
위 SENSOR, 면적 SENSOR, 금속통과 SENSOR, COLOR-MARK SENSOR, 진동
SENSOR 등

3) 계기식 검지기

압력계, 온도계, THERMOSTAT, 전류계, COUNTER, TIMER , 서모커플 프리세
트 카운터, 타임 SWITCH 등

4) 경보장치식 검지기

BUZZER, LAMP, 점멸식 LAMP, 사이렌, 마이크 폰 등

4 | FOOL PROOF 장치의 기능과 종류

1 중량 FOOL PROOF

양품의 중량기준을 설정하여, 이에 벗어나는 것을 불량품으로 판별한다.
중량 발란스에 의해 불량품을 선별하여 후공정으로 흐르지 못하게 규제한다.
(습기를 머금는 Seal, Label 등)

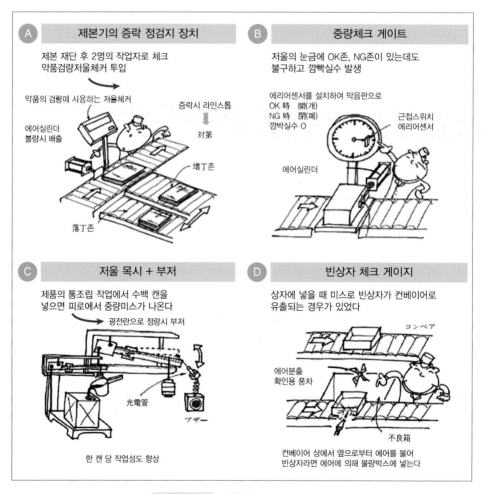

A 제본기의 증락 정검지 장치

제본 재단 후 2명의 작업자로 체크
약품검량저울체커 투입

약품의 검량에 시용하는 저울체커

에어실린더
불량시 배출

증락시 라인스톱
↓
対第

増丁존

落丁존

B 중량체크 게이트

저울의 눈금에 OK존, NG존이 있는데도
불구하고 깜빡실수 발생

에리어센서를 설치하여 막음판으로
OK 時 開(개)
NG 時 閉(폐)
깜박실수 O

근접스위치
에리어센서

에어실린더

C 저울 목시 + 부저

제품의 통조립 작업에서 수백 캔을
넣으면 피로에서 중량미스가 나온다

광전란으로 정량시 부저

光電管

ブザー

한 캔 당 작업성도 향상

D 빈상자 체크 게이지

상자에 넣을 때 미스로 빈상자가 컨베이어로
유출되는 경우가 있었다

コンベア

에어분출
확인용 풍차

不良箱

컨베이어 상에서 옆으로부터 에어를 불어
빈상자라면 에어에 의해 불량박스에 넣는다

그림 8-2   중량 FOOL PROOF

2 치수 FOOL PROOF

세로 가로 높이 두께 지름 등의 치수를 기준으로 그 차이에 의해서 불량을 판별하고 걸러낸다.

기판핀 세트미스 방지

기판(PCB)핀 조립시에 핀 나옴이 10mm 이하를 확인, 다음 공정으로 흘리지만 체크 누락이 있다.

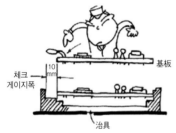

체크
게이지폭
基板
治具

판조립 치구에 체크게이지를 붙여 일체화로 만들어 판조립시 10mm 이상이면 조립이 되지 않도록 한다

원형봉 치수불량 방지

원형봉을 몇 개 모아서 일정한 길이로 절단하는데 오퍼레이터의 부주의로 가이드에 닿지 않은채 절단, 그 때문에 치수불량이 발생

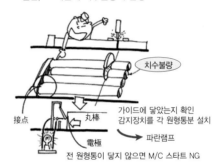

치수불량
接点
丸棒
電極
가이드에 닿았는지 확인
감지장치를 각 원형통분 설치
→ 파란램프
전 원형통이 닿지 않으면 M/C 스타트 NG

가스절단 불량 방지

롤러 컨베이어 상에서 소정의 위치에 세트한 후 가스절단. 절단이 순차적으로 진행되면 소재가 가벼워져서 정확한 위치를 정할 수가 없어져 불량 발생

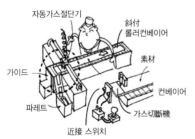

자동가스절단기
斜付
롤러컨베이어
素材
가이드
컨베이어
파레트
가스切斷機
近接 스위치

가이드에 근접스위치를 달아서, 가이드에 워크가 정확하게 세트되어진 것을 자동적으로 감지한 후에 절단기를 가동시킨다. 위치결정 불량시에는 해드라이트로 알린다.

기준위치 통일-가공미스방지

사이즈가 다른 재료의 조립위치가 단면인 까닭에 사이즈가 다른 경우 미스 발생

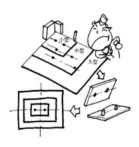

小型
中型
大型

치구 중앙에 기준핀, 재료에 기준구멍을 설치. 치구에 세트시키는 것만으로 위치결정이 된다. 위치조합미스-0

높이-1　가공공정 누락방지

설비트러블, 순간정지, 불량발생 시 순간 깜빡하고
가공하지 않은 채 다음 공정으로 보내버려 금형을
망치는 경우가 있다.

가공 완료와 가공 전의 것에는 높이가 많이 다르므로
게이트에 리미트스위치를 설치하여 미가공품은 에어실린더
로 배출시킨다.

높이-2　왓샤 결품방지

왓샤 없이도 조립이 되므로 오퍼레이터의 주의에
의존하고 있다. 깜빡 실수가 때때로

박스드라이버에 스토퍼를 달아 왓샤가 결품되어
있으면 스토퍼에 닿아 체결이 불가능하다.

두께　너트 오조립 방지

너트의 오조립품이 때때로 납품된다.

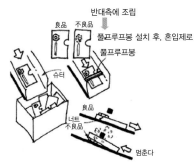

너트 오조립품도 슈터를 통과하여 혼입된다.

지름　가공불량방지

부품 가공시 치수불량이 드물게 발생한다.
그 때문에 전수 게이지로 확인한다.

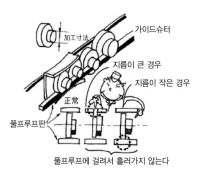

가이드를 설치하여 가이드 위를 굴러간다.
치수불량은 모두 풀프루프판에 걸려 흘러가지 않는다.

그림 8-3　치수 FOOL PROOF

③ 형상 FOOL PROOF

구멍. 각. 돌기. 움푹파임. 구부림 등 재료라든가 공구의 형상특성을 이용하여 기준으로 하여 그 차이에 의해 불량판별 및 예지규제를 한다.

穴 프레스품 공급 체크게이트

앞공장 완료 후 다음 공정 자동기로 공급시,
상하 반대로 공급되는 경우가 있다.

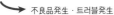

不良品発生 · 트러블発生

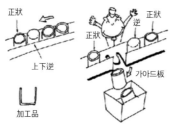

윗그림과 같이 운송 슈터 위에 게이트를 만들어
정상품 – 그대로 통과
반대의 것 – 배출되어 라인 밖으로

角 가공불량 방지

부품 가공시, 치수불량이 드물게 발생한다.
그래서 전수 게이지로 치수확인한다.

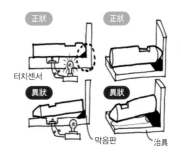

가이드를 설치하여 가이드 위를 흘린다. 칫수 불량은
모두 풀프루프판에 걸려 흘러가지 않는다.

돌기-1 용접품 공급 체크게이트

자동공급기에서 용접불량이 다음 공정으로
흐른다. – 선별하여 1명 투입시켰지만 그런데도
후공정에서 크레임이 들어온다.

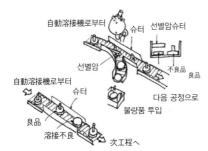

부품의 돌기형성과 공급슈터를 이용하여
체크게이트에서 불량선별

돌기-2 스페이서 결품 감지장치

리베트 체결공정에서 스페이서를 잊는다.

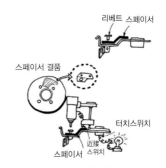

스페이서결품 감지하는 근접스위치를 설치하여,
빨간램프로 오퍼레이터에게 알리고 기계가
작동하지 않는다.

돌기-3 　　　**우크의 역세트 방지**

돌기치구에서 역방향이라면 조립이 안되도록
한다. 우크세트미스에 의한 가공불량방지 워크를
반대로 세트해놓으면 풀프루프에 의해 세트가
불가능하다.

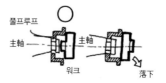

움푹파임-1 　　　**조립작업치구**

조립작업에서 오퍼레이터의 깜빡실수에 의해
상하반대로 조립되어 불량 발생

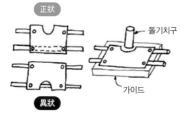

치구도 없기 때문에 어느쪽으로도 조립이 가능하다.
치구(가이드와 돌기)를 제작하여 역조립을 방지

움푹파임-2 　　　**용접작업치구**

용접작업시 플레이트가 좌우 어느 쪽으로도
세크가 가능하여 풀프루프에 의해 역조립 불량이
발생한다.

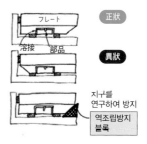

구부림 　　　**유사렌즈혼입감지**

렌즈조립공정에서 유사품이 다수 있으나
목시로는 판별이 안되어 최종검사공정에서
발견됨 → 해체수리로 낭비가 큼

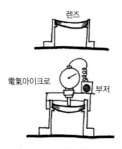

조립공구에 원터치게이지(곡률, 두께차이)를
부착하여 대상품 외의 것은 부저로 경고

자세 　　　**OHP 필름의 겉과 속**

카피기에 필름을 삽입하는 경우, 상하면을
알 수 없다.

각진 곳에 붙여본 곡면을 규정방향(앞쪽, 후방)으로
함에 따라 정확한 면으로 카피 가능하다.

　　　그림 8-4　　형상 FOOL PROOF

118

4 동작 FOOL PROOF

오퍼레이터의 동작과 설비장치와의 연합동작이다. 표준작업표에서 정해져 있는 작업순서에 따르지 않는 경우, 설비장치에 인터록이 걸려 그 이후의 작업을 할 수 없다.

---

1 너트용접누락 방지

너트용접공정에서 너트 3개를 체결하고 목시 체크를 하지만, 깜빡실수로 너트체결 누락 발생

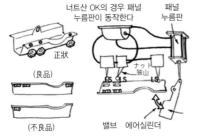

너트산 OK의 경우 패널 누름판이 동작한다
패널 누름판
正狀
(良品)
ナット
狼山
(不良品)
밸브 에어실린더

너트 용접 치구에 너트 검출 리미트 스위치를 부착시켜 너트가 없는 경우 Clamp가 동작하지 않는다.

2 부품조립누락 방지

조립공정에서 부품을 조립하고, 후공정으로 컨베이어로 보내는 작업이 있다.
오퍼레이터가 그 장소를 벗어나는 경우

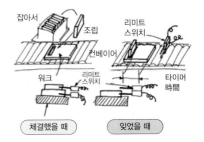

잡아서
조립
리미트 스위치
컨베이어
워크
리미트 스위치
타이머 時間
체결했을 때
잊었을 때

3 볼트체결 누락 방지

용접공정에서 세트하여 용접작업과 함께 볼트체결 작업이 있다 – 복합작업이어서 깜빡실수로 체결누락이 있다

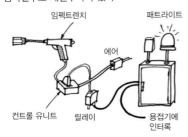

임펙트렌치
패트라이트
에어
컨트롤 유니트
릴레이
용접기에 인터록

치구에 위치가 결정되면 타이머가 동작하여, 설정시간 내에 소정의 볼트를 체결하지 않으면 패트라이트가 점등하고 부저가 울리며, 동시에 용접기에 인터록이 걸린다.

4 조합부품 세트미스 방지

앞: 조합순서미스 다발, 하지만 외관발견 불가
뒤: 각 부품 상자 위에 센서를 부착하여 표시 램프와 부저가 연동하여 조합순서 미스를 경고 한다. 효과: miss zero

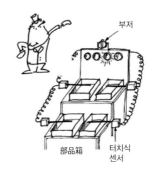

부저
部品箱
터치식 센서

일련의 수작업 공정에서 표준작업순서에 따르지 않고 공정에서의 작업누락을 일
으킨 경우 작업이 불가능하다. 램프 및 부저에 의한 경고로 부터 작업정지로 이
행한다.

5 A 부품 조립 누락감지

부품이 많은 경우의 조립 누락 대책
4가지 부품을 조립하는 공정에서 때때로
A부품의 조립 누락 발생

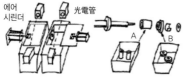

〈正常動作〉• A 부품을 잡는다(光電管感知)
• B 부품의 뚜껑이 열린다.
• B 부품을 잡는다(光電管感知)
• 일정시간 후
B 뚜껑 閉
A 뚜껑 開

부품을 순서대로 잡지 않으면 다음 작업이
이루어지지 않는다.

6 20 몇 점 조립 누락 체커

A, B, C...라는 순서대로 20 몇 개의 조립작업
이 있다. → 조립누락 발생

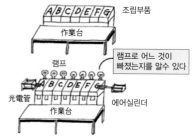

조립부품을 잡을 때 램프가 끊어진다. A~F까지 전부
잡으면 G의 에어실린더가 열려지고, G를 잡지 않으면
첫 공정의 A에어실린더가 닫힌 채로 있다.

7 용접부위 Error 방지

모니터를 이용한 작업지시(Fool-Proof 장치: 기후차체 본사 용접 공정)
* 내용 : 용접시, 작업순서별로 용접위치를 Monitor에 Display하고, Sample에 해당
용접부위를 나타내는 Led를 On 시킴으로서 작업실수를 근본적으로 방지함

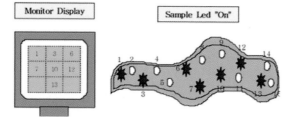

그림 8-5   동작 FOOL PROOF

5 갯수 FOOL PROOF

작업횟수나 부품의 개수 등 미리 숫자가 정해져있는 경우, 이것을 기본으로 하여
그 차이에서 이상을 알려, 다음 작업을 할 수 없게 만드는 것

---

1 구멍뚫기 누락 감지 장치

5군데 구멍을 뚫어야 하는데,
한군데 구멍뚫기 누락 발생

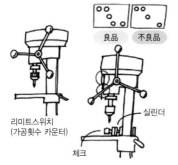

체크방식을 사용하여 구멍을 뚫을 때마다
카운터로 카운트한다. 5개 구멍을 뚫지 않으면
빼낼 수가 없다.

2 가공불량 감지 장치

공용설비로 몇 종류의 가공을 하는 경우,
가공누락, 과잉절삭불량이 발생한다.

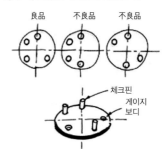

체크핀(블록)을 교환하는 게이지를 체크한다.

3 부품조립 누락 방지

소품 동일 부품을 여러 개 조립하는 경우,
조립 누락을 간과한다.

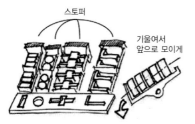

부품을 1대씩 공급하는 조립확인은 부품의
전수사용과 체결횟수로 한다.

4 1대분 조립세트화

조립 부품이 많고 미스 발견이 늦어지는
경우가 있다.

한대 분의 부품을 세트시켜 조립을 개시하고
부품이 남지 않을 것

그림 8-6   갯수 FOOL PROOF

6 조합 FOOL PROOF

몇 개인가의 부품을 조합시켜 작업하는 공정으로, SET수만큼 각 부품을 준비하고
세트완료 후 남은 부품의 유무에 의해 이상이 발생했다는 사실을 확인하다.

---

1 작은 부품 Set화

조립공정에서 특히 작은 부품이 그 후 공정의
조립부품에 의해 감춰져서, 순차점검시 누락이
있다. 유저까지 결품인 채 가버린다.

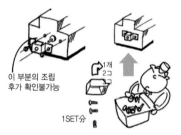

이 부분의 조립
후가 확인불가능

1개
2그

1SET分

미리 필요한 분 만큼 부품을 세어 다른 오퍼레이터가
세트시켜두면, 작업완료 후 (남는다, 부족) 이상을
알 수 있다.

2 Seal류의 조립누락 방지

공용설비에서 몇 종류의 가공을 하는 경우,
가공누락, 과잉절삭의 불량이 발생한다.

오일씰

스톱링

조립제품 1대 마다 부품의 SET를 사전에 만들어
조립작업을 개시한다. 트레이에 미리 세트시켜
둔다.

그림 8-7   조합 FOOL PROOF

7 온도 FOOL PROOF

압력 · 전류 · 전압 · 온도 · 시간 등 미리 정해둔 범위수치를 초과하거나 미달이
되면 알려 주어서 조치를 한다든가, 작업을 할 수 없도록 한다.

---

1 에어압 이상감지

공장의 에어압력은 주위의 M/C이나 설비로
변화한다.

에어압력을 항상 감지하여, 만일 에어압력이
규정범위에서 벗어나면 부저나 램프로 경보해주고
불량이 나올 가능성이 있으면 에어를 멈춘다.

2 펌프펌핑 이상 경보

세척공정에서 세척액 양의 토출량이 적어지면
부품의 세척력이 악화된다. 다음 공정의 열처리
공정이나 도장공정에서 불량발생, 현상의 목시로
정기체크

프레셔스위치를 부착하여, 펌프의 펌핑압력이
저하되었을 때 경보해주고 설비를 정지시킨다.

3 전기로의 온도변화 경보

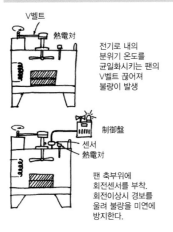

전기로 내의
분위기 온도를
균일화시키는 팬의
V벨트 끊어져
불량이 발생

팬 축부위에
회전센서를 부착.
회전이상시 경보를
울려 불량을 미연에
방지한다.

4 액면이상저하의 감지

접착테이프 생산기계의 도장장치에서
풀부족이 발생

풀면 감지센서를
부착하여, 측정치
이하의 경우 경보를
울린다.

5 치수를 패널로 전환시켜 변화량 자동측정

워크가공 완료 후, 배출 전에 자동측정

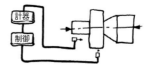

변화량을 패널로 전환시켜 계측 불량품 - 부저로 알리고
배출한다. - 대책을 세우지 않으면 다음 가공이 불가능

그림 8-8   온도 FOOL PROOF

09
CHAPTER

품질 자동화(自働化)

품질自働化란, 이상을 스스로 체크(또는 제어)하여 자동정지할 뿐만 아니라, 가공, 조립공정이 스스로 제어하여 양품을 만드는 설비나 공정을 말한다. 자동측정 및 제어로 불량이나 이상이 발생되면 공정이나 설비를 스스로 세우는 것이다. 특히, 제품의 공차(tolerance)가 엄격하거나 설비능력이 떨어지는 경우에 중요하다.

1 | 自働化의 기본원칙

1) 불량은 後공정에 보내지 않는다. 품질은 자공정에서 만들어 넣는다.
2) 이상발생시 자동감지 Sensor에서 동작하여 기계의 Trouble 및 자재유실 시에 STOP 하도록 한다.
3) 수작업 라인의 자동화(自働化)
   ① 지연이 될 때에는 작업자가 라인(Conveyer)를 세운다. 작업자가 라인을 세우는 것도 일이다.
   ② Line Stop System을 설치하여 작업자의 유동을 최대한 줄이고, System은 2단계로 하여 예비 Signal을 울린 후, 조치가 되지 않을 경우에만 라인이 STOP 되게 한다.

2 ┃ 자동화(自働化)와 자동화(自動化)의 차이점

自働化	自動化
• 이상을 기계 자신이 판단하여 정지한다. • 불량이 나지 않고 기계, 금형, 치구의 고장을 미연에 방지하는 것 • 이상의 원인을 파악하기 쉽고 재발방지가 쉽다. • 성인(省人)	• 이상 발생시 누군가 스위치를 끄지 않은 한 동작이 계속해서 된다. • 불량이 발생되어도 발견이 지연되어 기계 금형, 치공구에 고장이 날 염려가 있다. • 이상의 원인을 조기에 발견할 수 없고 재발방지가 어렵다. • 성력(省力)

3 ┃ 자동화(自働化)로의 변화과정과 변화모습(효과)

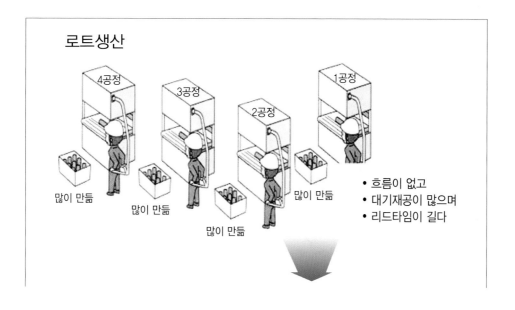

로트생산

4공정   3공정   2공정   1공정

많이 만듦   많이 만듦   많이 만듦   많이 만듦

• 흐름이 없고
• 대기재공이 많으며
• 리드타임이 길다

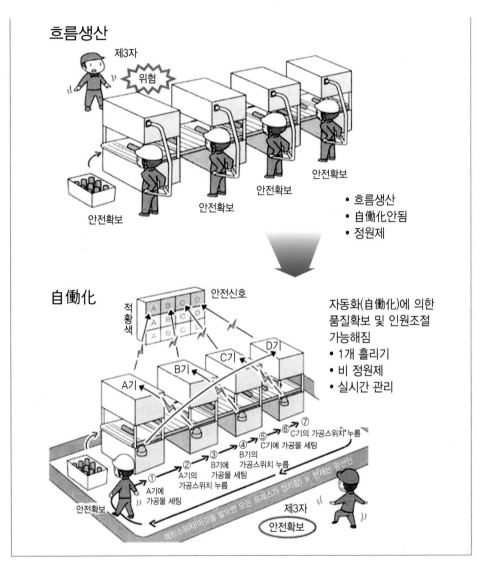

[아오키미카하루 著, 도요타 혁신 SYSTEM p108 그림 인용]

그림 9-1   자동화(自働化)로의 변화과정과 변화모습

4 | 자동화(自働化)의 6가지 전제조건

- 조건 1 : 이상이 감지되면 라인이나 설비가 멈추어야 한다.
- 조건 2 : 신속히 조치가 가능하도록 한다
- 조건 3 : 싸고, 간단한 도구나 툴이어야 한다
- 조건 4 : 완성된 설비본체가 아니라, 간단한 UNIT으로 구입하여 쉽게 설치가 가능해야 한다.
- 조건 5 : 사내에서 가공중인 가공품에 적합하고 편리한 것이어야 한다
- 조건 6 : 1축 또는 사내에서 변경이 가능한 유연성이 있는 SENSOR나 치공구여야 한다.

5 | 그림으로 보는 자동화(自働化)사례

1 가공공정의 자동화(自働化)사례

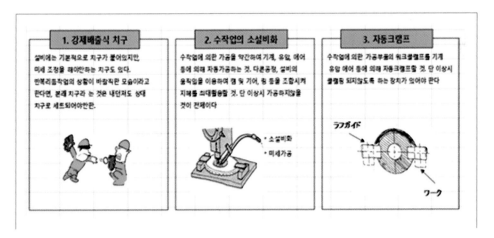

4. 운반,정지,복귀는 설비가 할일

수작업에 의한 기계설비의 우능을 응용. 에어툴에 의해 자동운송하고, 완료점에서 자동장치하여 나아가 스타트 포인트(원위치로 자동 복귀할 것. 즉 설비가 페어할 일이다.

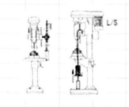

5. 탈탈화에서 착작화로

[착]이란 탈착의 착이며, 조립을 의미하는 착작과 설비에서 설비로 조립 안을 하며 공정을 진행시켜가는 것이다. 사람이 할 일은 탈탈이 절대 아니며 [착작] 진행시키는 것이 필요하다

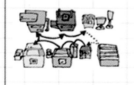

6. 자공정출구는 후공정입구

공정설비 간의 운반거리 보행거리를 함께하여 배열되어진 부품을 즉시 다음 공정으로 넣을 수 있도록 가능시킬 것. 자공정에서 아웃 풋 되어진 부품은 다음 공정의 입구로 갖다놓아야 한다. 단, 운반하는 것은 아니다. 다음 동작, 다음 부가가치를 만들어낼 위치까지의 이동이 아니라면 LCIA의 의미는 없다. 자공정의 출구는 다음공정의 현관 알까지 원· 터치로 내던져진 상태로 대기시켜둔다는 이미지를 가질 것.

7. 원터치 게이지

워크를 조립시킨 후 스타트버튼을 누르는 것이 아니라, 다음 공정으로 걸어가는 도중 즉, 걸어가면서 리미트스위치를 작동시키는 방법. 별명 '원터치 스위치'라고도 부르며, 5가지 운용조건 하에서 사용한다.

8. ON은 ...하면서 Switch

모든 제품은 전수검사가 기본. 작업과 검사의 일 대 일을 고려하며, 1개소의 검사를 원터치로 가능하게 하는 것. [범출][통병]의 자사제의 NO-GO게이지이면서 원터치로 NG(NO)인지 OK(GO)인지의 판단을 할 수 있으면 한다. 그리고 그것을 라인의 흐름 동작선 상에 매단다.

9. 공정변경 81초

설비. 기계에서 공정변경에 사용하는 최대한의 시간은 81초이다. 이것이 싱글기동변경이다. [골드에서 싱글플레이어는, 핸디가 싱글을 의미 한다.과 72+ 핸디 9= 81] 공정변경의 세계에 서는 81초 이하가 되지 않으면 이길 수 없다.

10. 죽구보다 럭비스타일로

자동기의 동작에는 몇 개인가의 요소작업이 있다. 통상은 각 단위 요소작업 종료 후, 다음 요소작업으로 이행한다(죽구스타일). 그러나 다음의 단위 요소작업을 진행할 수 있을 만을 진행시(병행작업) 사이클타임을 단축시켜가는 것이 중요하다.

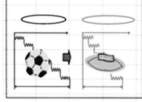

11. 설비폭은 부품 +100

라인에 있어서 공정간과 공정간의 간격의의단축 들 시키는 일은 기계. 설비의 면에서 중요하게 추진시켜 나가야 되는 항목중 하나이다. 기계가공 또는 조립때이든 부품. 제품에 맞는 자사제 설비의 폭으로 만들어야 한다. 설비폭은 최대한 100m가 바람직한 모습이다..

12. 설비의 유니트화

설비의 기본부분과 전용부분을 명확히 해야 한다. 베이스가 범용기로 그 제품. 부품의의전용지구 장치가 세트화되어 1개의 공장설비로 되어있어야 한다. 기계의 대응은, 설계변경에 의한 공정을 다시 만들 때에도 각각 유니트로 되어 있으므로 일부 변경으로 즉각 대응할 수 있을 뿐 아니라, 최소유니트 안으로 명확하게 구분되어 있으므로 조인트 및 코넥터로 원터치화시켜 나간다..

[일본 SPS 경영연구소 1997년도 발간 '지혜로운 간편자동화의 원활한 진행방법' p28~p29 인용]

그림 9-2   가공공정의 자동화(自働化)사례

2 조립공정의 자동화(自働化)사례

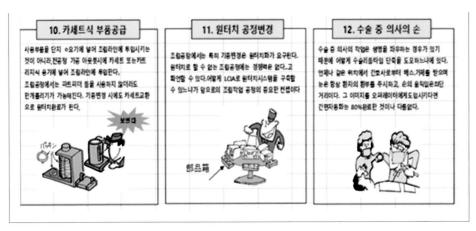

[일본 SPS 경영연구소 1997년도 발간 '지혜로운 간편자동화의 원활한 진행방법' p24~p25 인용]

그림 9-3   조립공정의 자동화(自働化)사례

III

시스템 개선과 생산성 향상

10 CHAPTER 생산성 향상과 관련 산식

1 생산현장에서의 시간 및 공수관련 산식

1 만드는 시간

1) MT(Machine Time)

공정이나 생산라인에서 1대의 설비가 제품이나 부품 1개를 만드는 기계시간 (Machine Time)을 말한다.

2) HT(Human Time)

공정이나 생산라인에서 제품이나 부품 1개를 만드는 수작업시간(Human Time) 을 말한다.

3) CT(Cycle Time)

공정이나 생산라인에서 제품이나 부품 1개를 만드는 시간을 말한다. 다시 말하면, 1개당의 생산속도(Speed)를 일컫는 것으로서,

ⓐ 1명의 작업자가 수작업시간 HT 시간에 제품 1개씩을 만들고 있다면 CT = HT가 된다

ⓑ 1명의 작업자가 기계시간이 MT인 1대의 설비와 동시작업을 하고 있다면,
CT = HT + MT−중복가동시간(t)이 됩니다.

ⓒ 여러명의 작업자가 조립라인에서 각각의 수작업시간 HT로 작업하여서 1개
의 제품을 조립하고 있다면 HT시간중 가장 큰 시간이 CT가 된다. 즉, CT =
HT_{max}이다.

4) T/T(Tact Time)

위의 CT와 대조가 되는 용어로서, 제품 1개가 팔리는 시간을 말합니다. CT대로
만든다는 것은, 설비나 공정이 가지고 있는 생산능력대로 만든다는 뜻이지만, 수주
가 생산능력보다 적은 경우에는 CT대로 만들면 불필요한 재고가 생기게 됩니다.
따라서 수주만큼만 만들어서 불필요한 재고를 통제하기 위해서 생산시간을 조절하
여 수주에 맞춘 것을 T/T라고 합니다. T/T 는 보통 1일 가동시간을 수주량으로 나
누어서 산출합니다. 그러나 이것은 어디까지나 산식이며 현장에서 잘 느끼지 못하
고 있어서 현장에서 적용이 잘 되고 있지 못합니다. 이것을 현장에 잘 적용하기 위
해서는 제품창고에 표준량을 적재시켜서 팔린 만큼만 후보충지시를 하여 팔린 만
큼만 창고입고를 받는 것이 Tacttime을 준수하는 지름길입니다. CT보다는 반드시
T/T로 생산하는 것이 최적의 방법입니다.

2 만드는 공수(Man.Hour)

m명이 라인에 투입되어서 CT의 속도로 제품 1개를 만들고 있다면 1개당 표준공
수(st)는 사람과 시간을 곱한 것으로 나타낸다. 즉, st = CT×m가 된다. 또한, 1개당
표준공수가 st인 제품을 m명의 작업자가 T시간동안 Q개를 만들었다면, 생산량표
준공수(ST)는 ST = st×Q가 되고, 실적공수(AT : Actual Time)는 AT = m×T로 표
현된다. ST를 AT로 나눈 것을 생산효율(p)로 표시한다. 즉, p = ST÷AT가 된다. 다
시 정리하면

1) st(standard time)

공정이나 생산라인에서 제품이나 부품 1개를 만드는 표준공수를 말한다. 즉, 공정이나 라인에서 m명의 사람이 투입되어서 1개당 CT라는 속도로 물건을 만들고 있다면 1개당의 표준공수(st)는 st = CT×m으로 표시가 된다.

2) ST(Standard Time)

공정이나 생산라인에서 제품이나 부품 1개를 만드는 표준공수(st)인 제품을 Q개 만드는데 소요되는 총공수를 나타내며, 생산량표준공수 또는 총표준공수라 칭한다. 이것을 산식으로 표시하면 생산량표준공수(ST)는 ST = st×Q로 표시가 된다.

3) AT(Actual Time)

공정이나 생산라인에서 m명의 작업자가 T시간동안에 Q개의 제품을 만드는데 소요된 실제공수를 나타내며, 실적공수 또는 실제공수라 칭한다. 이것을 산식으로 나타내면, AT = m×T로 표현이 된다.

4) 생산효율(p)

총표준공수를 실적공수로 나눈 값을 말한다. 즉, 작업능률의 척도가 된다.

$$\text{생산효율(p)} = \frac{\text{개당표준 공수(st)} \times \text{생산실적 수량(Q)}}{\text{투입작업자 수(m)} \times \text{조업시간(T)}} = \frac{ST}{AT}$$

3 만드는데 걸리는 시간(제조리드타임(LT : Lead Time)

부품이나 자재를 라인이나 공정에 투입하여서 1개의 제품이 만들어져서 라인끝이나, 공정 끝으로 빠져 나와 스토아나 대기장에 대기가 되었다가, 다음공정으로 운반 될때까지 걸리는 시간을 말하며 Lead Time이라고 칭하며, 기호로는 LT로 표기가 된다. 아래 [그림 10-1]과 같이 1개의 부품이 라인이나 설비에서 가공이 되면 반드시 자주검사를 하고 운반도구로 스토아나 대기장으로 운반되어 대기가 되게 된다. 이 과정에서 소요되는 총 시간을 제조리드타임이라고 부르며, 이것이 짧으면 짧을수록 납기를 맞추기가 수월해진다. 이러한 리드타임은 가공, 검사, 운반, 정체(대기)라는 단위작업을 가지고 있는데, 여기서 가공(조립)시간을 제외한 나머지 단위작업들은 비부가가치요소로서 제거의 대상이 됩니다. 이것을 개선하게 되면 저절로 제조리드타임은 짧아지게 됩니다. 개선 우선순위는 보통으로는 정체 → 운반 → 검사로 진행됩니다.

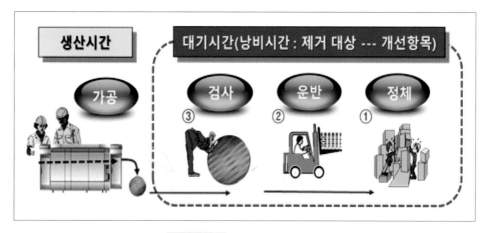

그림 10-1　대기시간의 개선

또 하나의 시간으로는 TAT(Turn Around Time)으로, 설비내의 Trolley나 Hanger 가 Conveyor를 타고 한 바퀴 돌아 나오는 시간을 나타내는 기호가 있습니다.

- LT : Lead Time = 제조기간 (Σ CT + Σ 대기시간)으로 산식화가 되며, 평균적으로 생산시간에 비해서 대기시간이 수십배로 크게 나타나므로, 제조원활성과 신속성 및 효율성을 위해서는 대기시간을 줄여야 합니다. 공정 중 대기재공(W.I.P) 및 제품재고를 줄이면 LT가 줄어들게 됩니다.
- TAT : Turn Around Time = 설비의 첫 Tact에서부터 마지막 Tact까지 생산되어 나오는데 걸리는 시간, 설비구조를 개선해야만 줄어들게 됩니다. 따라서 제조기술이나 외주설비 제작 시에 TAT를 고려해서 설비를 제작하는 것이 제조기술의 목표가 됩니다.

4 병목공정시간(애로공정시간) (CTmax)

병목공정시간(CTmax)이란, 각각의 공정 Cycletime 중에서 가장 속도가 느린시간을 말합니다. 아래 [그림 10-2]와 같이 여러 명이 라인에서 조립작업을 하고 있는 경우에 작업자 D의 Cycletime이 가장 느립니다. 이런 경우처럼 공정 D 를 병목공정이라고 말하며, CT_D를 병목공정시간이라고 합니다. 여기서 A, B, C, E 작업자가 아무리 빨라도 작업자 D가 속도가 느리므로, 이 라인의 생산수량은 작업자 D의 작업속도 12초로 결정이 되어서, 병목공정의 작업속도 CT_D를 이 라인의 생산능력(Capa)라고 합니다.

작업시간이 T라고 하면, 생산가능수량(Q*)는 작업시간 T를 병목공정시간 CT_D로 나누면 됩니다. 또한, 실제생산수량(Q)는 $T \div CT_D \times p$(가동율)로 산출 됩니다.

CTA=10(sec) CTB=9(sec) CTC=11(sec) CTD=12(sec) CTE=8(sec)

그림 10-2   병목공정의 이해

5 라인의 편성효율(L.O.B : Line Of Balance)이란 무엇인가?

라인편성효율이란 2개 공정이상으로 구성된 라인에 있어서 공정간의 공평한 작업 배분율을 말한다. 설비중심의 라인과 사람중심의 수작업라인에서의 L.O.B를 구하는 산식은 아래 [그림 10-4]와 같다. 편성효율을 산출하고 개선해 나가는 이유는 병목공정(애로공정)시간을 개선하여서 줄여나가면, 또 다른 공정의 공정시간이 병목공정이 되게 됩니다. 다시 말하면, 병목공정을 지속적으로 개선하여 단축시키면 편성효율이 지속적으로 향상되는 동시에 생산능력도 올라가서 생산수량도 증대가 됩니다.

- 편성효율 산출 목적 : 병목공정을 도출하여 병목시간을 줄여서 생산능력을 올리고, 그 다음의 개선필요 공정을 쉽게 찾아 지속적인 생산능력을 개선하고자 함
- 편성효율 목표 : 편성효율은 95(%)이상이 되도록 지속적인 개선을 한다.

6 라인편성효율(L.O.B : Line Of Balance) 산출 및 활용 방법

아래 [그림 10-3]과 같이 작업자 배치가 되어서 각각의 공정별 Cycletime으로 컨베이어 조립 작업을 하고 있다면, 병목공정은 당연히 40초로 제일 느린 C공정이 될 것이며, 8시간 생산하고 가동율이 80(%)라면 생산수량은 8시간×3,600초×80%÷40초=576개가 될것이다. 따라서, 수주가 늘어나서 576개 이상으로 생산할 필요가 생기면 병목공정인 C공정을 개선해야만 수량증가가 되게 됩니다.

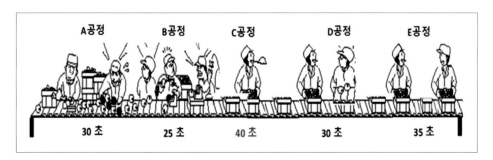

그림 10-3   병목공정의 파악

- CT 중심과 st 중심으로 편성효율을 산출하게 되면, 아래 [그림 10-4]와 같이 각각 80%와 81.1%로 산출이 됩니다. 그리고 각각의 L.O.B 산출 기준공정도 CT 중심인 경우는 CT가 제일 큰 C공정이 되며, st 중심인 경우는 st가 제일 큰 B공정으로 나타납니다.

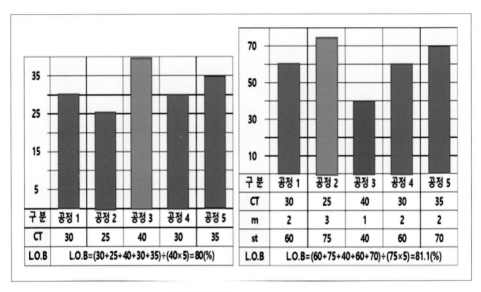

그림 10-4   편성효율 산출

- 공정합병 및 재분할법에 의한 편성효율 개선 및 인원재배치법

  여기서, CT 중심의 설비작업인 경우의 개선방법은 설비의 CT를 줄이기 위한 제조기술적 접근이나, 공정변경시간 단축활동이 대표적인 사례입니다만, 사람중심의 st Balance 향상은 아래와 같이 공정합병 및 재분할법으로 편성효율을 개선할 수가 있으며, 인원배치의 최적화도 추구할 수가 있습니다. 아래 재분할법으로 살펴보면, 현재는 10명이 배치가 되어서 가동율 80%로 8시간동안 576개를 생산하고 있지만 B공정에 3명이 배치되어 1명이 불필요하다는 것이 재산출법으로 판독이 됩니다. 그래서 생산수량 증가가 필요 없는 경우에는 B공정에서 1명을 성인화해야 합니다. 우리 공장의 최적화 인원배치는 영업팀의 수주물량을 감안하여 판단하면 됩니다. 약 1,100개의 수주물량을 가정하면, 16명 편성으로 효율은 96.3%가 됩니다.

공정	개당공수 (st)	현재 수량	1명씩만 배치하면?	공정합병 및 재분할법에 의한 공정재편성										
				2차	3차	4차	5차	6차	7차	8차	9차	10차	11차	12차
A	60	576	60	60	60	30	30	30	30	20	20	20	15	15
B	75		75	37.5	37.5	37.5	37.5	25	25	25	18.8	18.8	18.8	15
C	40		40	40	40	40	20	20	20	20	20	20	13.3	13.3
D	60		60	60	60	30	30	30	30	20	20	20	15	15
E	70		70	70	35	35	35	35	23.3	23.3	23.3	17.5	17.5	17.5
배치인원 (m)			5	6	7	9	10	11	12	14	15	16	19	20
표준공수 합계 ($\sum st_i$)			305	305	305	305	305	305	305	305	305	305	305	305
병목공수 (max(st))			75	70	60	40	37.5	35	30	25	23.3	20.0	18.8	17.5
생산가능수량 (p=80%)			307	329	384	576	614	658	768	922	987	1152	1229	1317
라인편성효율 (L.O.B)			81.3%	76.4%	77.5%	86.3%	81.3%	80.0%	85.6%	86.7%	87.5%	96.3%	84.9%	86.7%

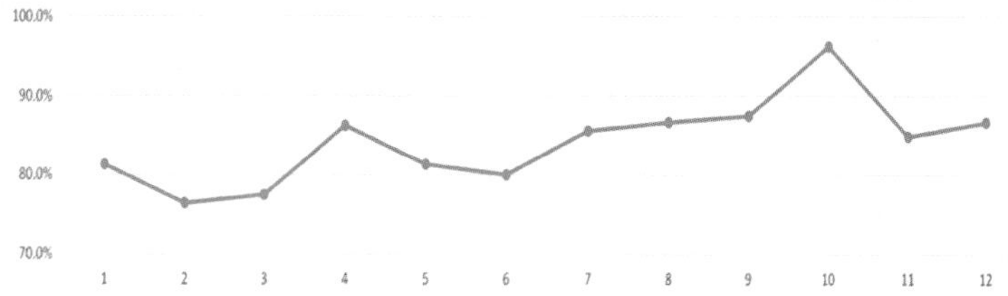

그림 10-5 공정합병 및 재분할법에 의한 편성효율 개선

2 공수관련 산식을 활용한 인원편성 및 배치 방법

우리 현장의 생산형태는 보통 어느 정도의 로트를 서열생산하는 로트생산 방식과 품종별로 서로 다른 것을 혼합하여서 부하를 평준화시켜서 생산하는 혼류생산 방식의 두 가지로 크게 분류가 됩니다. 또한 라인이나 공정에 인원을 배치시키는 방법도, 인원을 고정시키고 Cycletime을 변동시키는 인원고정식 배치와 인원을 변동시키면서 Cycletime을 고정시키는 인원변동식 배치방식으로 나눌 수가 있다. 이제, 이 두 가지 방식을 조합하여서 제조현장에 인원배치를 하는 산식을 아래 [그림 10-6]에 정리하여 놓았습니다.

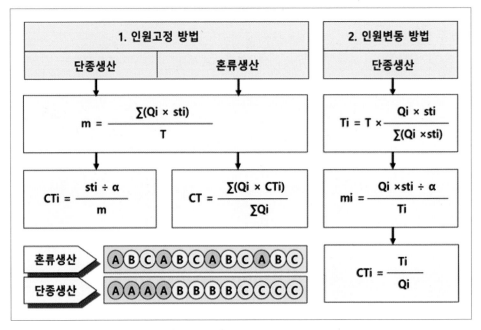

그림 10-6　인원 고정 및 변동 방법

※ α는 가동율 또는 능률로서 보통 라인설계시에 85(%)를 기준으로 한다.

Case Study를 통하여 관련산식을 설명하고자 한다.

일별 생산량과 1개당 조립 표준공수(st)가 아래와 같은 제품 A, B, C를 생산하는 라인에서

순	제품명	일평균 생산량	개당표준공수(st)	1일 가동시간
1	A	100pcs/일	100(m/s)	8시간 28,800(sec)
2	B	50pcs/일	200(m/s)	
3	C	25 pcs/일	300(m/s)	

문제 1 　인원을 고정시킨 단종생산라인으로 운영 시에

① 투입되는 정원을 산출하세요.

② 개당 CYCLE TIME을 얼마로 운영하면 좋은가

① 정원(m) = $(100 \times 100 + 50 \times 10 + 25 \times 300) \div 28,800 = 27,500 \div 28,800 = 1$(명)

② $CT_A = 100 \div 85\% \div 1 \div 60(\text{sec}) = 2.0(\text{min})$

$CT_B = 200 \div 85\% \div 1 \div 60(\text{sec}) = 3.9(\text{min})$

$CT_C = 300 \div 85\% \div 1 \div 60(\text{sec}) = 5.9(\text{min})$

문제 2 인원을 고정시킨 혼류 생산라인으로 운영시에는 CYCLE TIME을 얼마로 해야 하나?

$CT = (100 \times 2 + 50 \times 3.9 + 25 \times 5.9) \div 175 = 542.5 \div 175 = 3.1(\text{min})$

문제 3 인원을 변동시킨 단종생산라인으로 운영시에

① 투입되는 정원을 산출하세요.

② CYCLE TIME을 얼마로 운영하면 좋은가

배치인원과 Cycletime은 아래 도표와 같이 산출 된다.

구분	수량 (Q) ⓐ	개당공수 (st) ⓑ	총표준공수 (ST) ⓒ[ⓐ×ⓑ]	공수비율 (%) ⓓ	품목별 작업시간(hr) ⓔ[8hr×ⓓ]	정원 (m)	CycleTime (분/개) ⓒ÷ⓐ×60
A	100	100	10,000	36.36%	2.9	1명	1.75
B	50	200	10,000	36.36%	2.9	1명	3.49
C	25	300	7,500	27.27%	2.2	1명	5.24
합계	175		27,500			8	1명

3 | 제조 시스템 LOSS 분석 및 로스개선 방법

1 가공 시스템 8대 LOSS 구조도 및 산출 산식

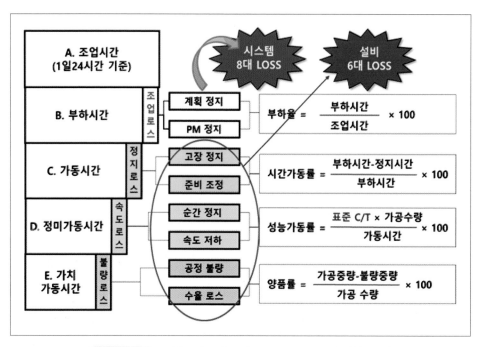

그림 10-7 가공 시스템 8대 LOSS 구조도 및 산출 산식

2 가공시스템과 설비종합효율 관련 산식의 이해

각각의 품목별 1일 필요수량(1일 수주량)에 개당 표준 Cycletime을 곱합여 산출한 시간을 부하시간이라고 하며, 이렇게 산출한 부하시간을 1일 조업시간 즉, 24시간으로 나눈값을 부하율이라고 한다. 통상, 부하율은 95(%) 이상을 목표로 하고있다. 부하율이 95(%)보다 낮으면, 개당 고정비가 높아진다. 한편으로, 설비의 종합효율은 시간가동율과 성능가동율 및 양품율을 곱한 값으로 표시가 되며, 시간가동율은 90(%) 이상, 성능가동율은 95(%) 이상이며 양품율은 99(%) 이상을 목표로 하고

142

있기 때문에 설비종합효율은 이 세가지 목표값을 곱한 85(%)이상을 목표로 삼고 관리해야만 합니다. 이 85(%)를 설비의 표준조업도라고하며, 이 이하로 떨어지면 생산현장은 문제가 많다고 생각하여 분발해야만 합니다. 결론적으로 시스템 효율 즉, 제조수행효율은 부하율 95(%)와 설비종합효율 85(%)를 곱한 값 즉, 80(%)이상을 유지하여야만 제조원가를 유지할 수가 있게 됩니다. 제조현장에서의 중요한 관리지표가 됩니다.

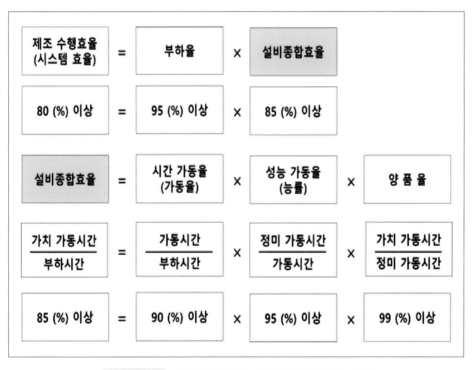

그림 10-8 　가공시스템과 설비종합효율 관련 산식

3 가공시스템 8대 LOSS에 대한 상세내용과 발생요인의 이해

[표 10-1] 가공시스템 8대 LOSS와 발생요인

낭비의 구분	구분	구체적 발생 내용	비고
관리 로스	1. 계획 정지	• 수주부족에 의한 정지 • 제외시간(교육/행사/조회 등)	• 통제 불능시간 • 통제 가능시간
	2. PM(예방보전)	• 계획보전에 의한 정지	• 공정계획과 연계하여 정지
설비 6대 로스	3. 준비 조정	• 공정변경에 의한 정지시간 • 만권교체에 의한 정지시간	• 생산지시 LOTSIZE(MLS)에 따라 변동 • SPOOL/CARRIER SIZE에 따라 변동
	4. 고장 정지	• 돌발고장에 의한 수리시간(수리 및 응급조치 정지시간)	• 통상 10분 이상 생산 지연 • 제조팀 자체 조치 불가능 항목
	5. 순간 정지	• 10분 이하의 잠깐 정지	• 제조팀 자체 조치 가능 항목 • 역산으로 산출한다
	6. 속도 저하	• 표준속도보다 느리게 운전	• 표준 미준수 • 역산으로 산출한다
	7. 공정 불량	• 부적합/불량 제외 중량	• QC 검사/판정 불량으로 제외된 중량
	8. 수율 로스	• 초기 공정 SETTING 시 발생 또는 풀어내는 중량 • 검사를 위해서 잘라내는 중량	• 제조기술 로스 • 제조수행 로스

4 제조 설비의 효율관리 대상 선정 및 단순화, 용이화 관리 방안

설비가 많거나 공정이 많아서 설비종합효율을 제대로 관리하기가 어려운 경우는 아래와 같이 효율을 극대화할 수 있는 대상 설비를 지정하여 수행한다.

- 병목공정(애로공정) 설비
  Routing상의 여러 공정 중에서 생산능력이 가장 작은 공정의 설비(즉, Bottle-Neck 공정의 설비)를 대상으로 수행한다.
- 설비수가 많은 병렬공정의 설비를 대상으로 수행한다.

- 설비 운전요원이 많은 공정의 설비를 대상으로 수행한다. 즉, 설비 가동율이 올라가면 동시에 인건비 효율도 증대되기 때문이다.
- 여력이 많을 것으로 예상되는 공정의 설비를 대상으로 수행한다. 즉, 가동율 관리를 통하여 여력을 찾아내어서 설비를 전환배치 후 투자 효과 도모

5 재료비 LOSS 구조도 및 산출 산식

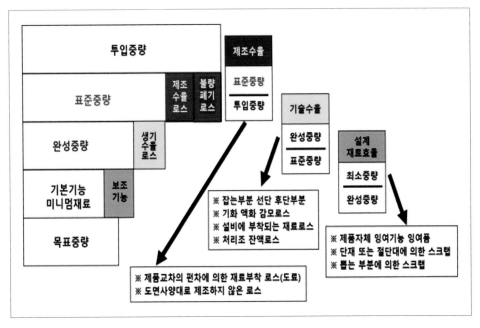

그림 10-9   재료비 LOSS 구조도 및 산출 산식

1 가동률 향상의 부작용

가동률이 높은 것과 낮은 것을 비교한 경우, 어느 쪽이 좋을까 하면 물론 높은 쪽

일 것이다. 그러나 가동률을 높이는 것에 집착한다면 낭패를 볼 수도 있다. 가동률을 높이는 것은 수단으로 목적이 아니다. 이것을 확실히 이해해야만 한다. 다음에 2가지 사례를 보자

첫 번째는 금속부품메이커 공장의 예이다. 여기에는 80대 정도의 설비로 가공을 하는데 설비가동률이 70%이하가 되면 적자라는 공장의 평가기준을 가지고 있다. 수주의 감소, 소로트화가 진행되면서 가동률은 서서히 떨어지기 시작했다. 이에 가동치 않는 설비로 우수판매 제품을 생산하여 가동률을 70%를 유지 하였으나, 결국 대량의 불요재고를 생산한 꼴이 되었다.

두 번째는 고무제품을 생산하는 공장의 예로, 여기서는 복수공정을 통과하여 생산하였으나 각 공정에서 가동률에 의한 평가를 실시하고 있어 공정 간에 가동률을 경쟁시키고 있었다. 각 공정의 리더는 자신이 담당하는 공정의 가동률을 높여야 평가를 좋게 받기 때문에 과잉생산을 하게 된다. 결과적으로 공정 간에 대량의 재공품이 넘쳐나게 되었다. 가동률은 단지 높아야만 좋은 것은 아니다. 그러나 「가동률을 높인다 = 생산성이 향상된다 = 원가절감 = 이익증가」라고 생각하는 사람이 많다. 이것은 착각으로, 가동률은 높이는 것이 아니라는 것이다.

2 왜 착각을 하는 것일까?

가동률을 높이지 않으면 안 된다고 생각하는 것은 몇 가지 이유가 있다.

* 가동률 = 생산성 = 이익이라고 생각하는 것이다. 확실히 부분적으로 보면 같은 시간 내에 많이 만든다면 가동률이 올라가 생산성이 향상되게 된다. 예를 들어 한시적으로 이용하는 뷔페식당을 생각해 보자. 어차피 같은 돈을 지불한다면 많이 먹는 편이 이득임에는 틀림없다. 그래서 정해진 시간 내에 가능한 많은 음식을 먹게 된다. 이것은 정해진 시간을 본다면 비용대비 효과가 높은 것임에 틀림없다. 그러나 과식으로 소화불량이 된다거나 1일 식사균형이 흐트러진다거나, 건강을 해치는 등 전체적으로 보면 온전히 이득만 있다고는 볼 수 없다.

- 고가의 설비가 정지되어 있는 것은 낭비라고 생각하는 것이다. 특히 경영자는 고가의 설비투자를 했는데 정지되어 있다면 불안하고 초조해 할 것이다. 그래서 고가설비일수록 왠지 가동을 해야 안심을 하게 되는 것이다.
- 현장에서 일하는 사람은 생산을 해야만 한다고 생각하는 것이다. 무엇인가를 하고 있지 않으면 근무태만으로 생각하지 않을까 염려하는 것이다. 이러한 심리가 가동률 향상으로 이어지는 것이다. 업무량은 고객으로부터 수주로 결정된다. 그리고 수주량은 매일 일정하지 않다. 그러므로 업무량이 줄면 비는 시간이 발생하는 것은 당연하다. 그러나 비는 시간이 있다고 해도 아무것도 하지 않는 것은 뭔지 모를 불안한 심리가 작용한다. 생산관리에서 평준화를 목표로 생산계획을 기획하는 것도 이런 심리를 반영한 것이다. 또한, 수주가 적어져도 고객이 찾는 제품은 설비가 정지되어 있으면 생산해 두자하는 심리가 발동한다. 아무것도 하지 않는 것보다 무엇이라도 만들어 두는 것이 좋겠다고 생각하기 때문이다. 이와 같은 이유에서 가동률이 내려가는 것을 피하려는 심리가 작용하므로 결과적으로 가동률을 올리려고 생각하는 것이 아닐까?

3 올바른 생각은 어떤 것인가?

가동률은 稼動率과 可動率로 나누어서 생각한다. 여기서 말하는 가동률은 전자의 稼動率로 설비를 1일 가동했을 때 생산 가능한 총수로 실제 얼마나 생산했는가를 나타내는 기준이다. 이 가동률(稼動率)은 고객이 정해주는 것으로 공장에서 컨트롤하는 것이 아니다. 기계설비는 일정하지만 고객으로부터의 주문은 변화한다. 그러므로 주문이 감소하면 가동률은 내려가고 주문이 감소하여 가동률이 내려간다고 해도 공장에서 의도적으로 올려서는 안 된다. 결과적으로 팔리지 않을지도 모르는 것을 만드는 것이기 때문이다. 팔리지 않을 것을 생산한다는 것은 매우 위험하다는 강한 인식이 필요하다. 한편 가동률(可動率)이란 생산계획에 바탕을 두고 기계설비가 생산해야만 하는 수량으로 실제 얼마만큼 생산한 것인가를 나타내는 기준이다. 이 가동률(可動率)은 100%를 목표로 해야만 한다. 100%가 아니라는 것은 무엇인가 문제가 발생했다는 신호로, 100%가 되지 못한 이유를 현장에서 규명해야만 한다. 공장이 컨트롤해야만 하는 가동률(可動率)이다. 가동률(稼動率)=생산성이라는 것도 틀렸다. 단, 생산성의 정의는 중요하다. 생산성의 정의에는 매출의 요소를 포함하지 않으면 안 된다. 또한, 출하량도 상관없다. 중요한 것은 고객에게 이르러 현금으로 바뀌는 요소를 포함하는 것이다. 다시 말해서, 팔리지 않을지도 모르는 재고는 생산성의 Output에서 제외해야만 한다. 그리고 설비가 정지되어 있는 것에 대한 위화감과 불안을 없애자. 중요한 것은 설비가 움직이고 있는가, 멈춰있는가 하는 눈앞의 현상이 아니다. 지금, 움직이는 것이 정상인가, 이상인가, 멈춰있는 것이 정상인가, 이상인가 하는 것을 아는 것이다. 오히려 멈춰 있어도 오늘 생산해야 할 제품이 없으면 기계설비는 정지하고 있는 것이 정상인 것이다. 2가지의 가동율을 아래와 같이 산식으로 나타내어 본다.

- 가동률(稼動率) = 생산실적수(설비가동 실적시간) ÷ 1일 생산가능수
- 가동률(可動率) = 생산실적수(설비가동 실적시간) ÷ 생산계획수(설비가동 예정시간)

11

CHAPTER

이상이 실시간으로 보이는 생산현장 관리

1 | 눈으로 보는 관리의 정의, 목적과 필요성

1 눈으로 보는 관리란?

인체의 5감 중에서 가장 반응속도(0.129초)가 빠른 "눈"을 이용하여 제조현장의 각종 낭비를 보이게하여 즉시 개선하도록 하는 관리 방법으로서 누구든 눈에 보이므로 객관성과 신속성을 확보한다.

2 눈으로 보는 관리의 목적

Data 도출, 채취, 집계, 분석 등에 대한 단순화로 간접업무 배제

- 현장 현물 주의 : 데이터는 현장 현물과 상이할 수가 있고 시간이 걸림
- 신속성 확보 : 보고-느끼고-반응하는 신경계통의 본능성을 이용하여 실시간 (Realtime)관리 도모
- 객관성과 정확성 담보 : 현장현물로 현상에 대한 요인을 빠르고 정확하게 파악하기가 용이하다.

③ 눈으로 보는 관리의 필요성

- 현장현물에 의해서 개선되고 유지됨으로써 현장 변화의 모습이 눈을 통해 인지되고 반응됨으로써 개선의식을 고취시키고 활성화시키기가 쉽다.
- 보고 느껴서 행하도록 하는 인체공학적 사이클을 이용한다.

2 눈으로 보는 관리가 가능해지도록 생산현장을 바꾸어 나가는 수순과 포인트

■ 1 STEP : 현장 환경을 눈에 보이도록 개선시킨다.

◎ 불요불급품 제거   ◎ 칸막이나 벽을 제거   ◎ 통로 직선화(4통8달)

■ 2 STEP : 고장–불량–불용재고가 쉽게 보이도록 도구를 삽입한다.

◎ PACEMAKER 삽입   ◎ ANDON 설치   ◎ STORE 및 BUFFER 설치

■ 3 STEP : 현장사원 및 관리감독자의 대응 및 조치능력의 향상

◎ 선진사 BENCHMARKING   ◎ O.J.T 및 TRAINING 실시

눈으로 보는 관리란, 공정 및 물류관리 기준과 룰을 만들어서 작업을 수행하고 작업 중에 이상이 발생되면 실시간으로 눈에 쉽게 보이도록 하여 즉대응 및 조치를 하여 표준작업이 이루어지도록 단순화, 용이화, 간편도구화를 하여서 표준화해 나가는 것을 목적으로 한다.

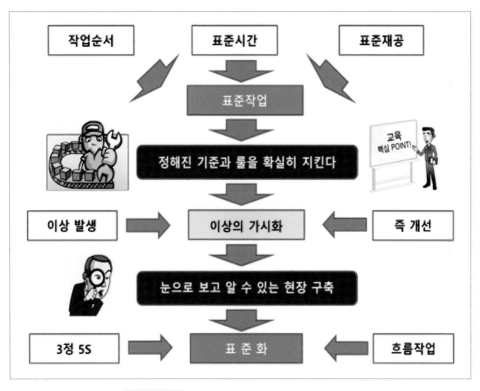

그림 11-1   눈으로 보는 관리의 기능과 목적

4 | 이상을 드러내는 절차와 도구

1 이상을 드러내어 즉대응을 하는 절차

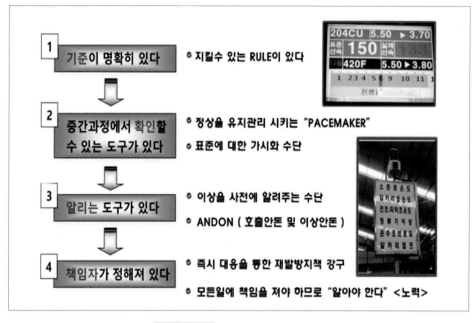

그림 11-2   이상파악의 체계화

2 눈으로 보는 관리의 주요 도구들

- PACEMAKER : 정해진 시간에 작업의 "순서"와 "조건" 및 "진행"을 관리감독자나 작업자가 쉽게 알 수 있도록 하는 도구. 즉, 작업을 "정상적으로 유지" 시켜 주는 도구이다.

- ANDON : 설비고장, 품질이상, 작업지연 발생 시에 관리감독자를 호출하기 위하여 소리와 빛을 이용하여서 알리는 도구

- 정리 정돈 및 3정의 기본으로서의 COLOR 관리 : 색상과 선으로서 물과 사람의 흐름을 가시화시킨다.

[표 11-1]　색과 선을 통한 물류의 가시화

COLOR	구분	적재 대상 품목의 정의	비고
YELLOW	실선	1. 실 대차, 실 파레트 대기 장소 2. 원, 부자재 대기 장소	표준량 설정
	파선	1. PM, 고장 시 또는 정책적인 재공품 2. 잠깐 대기하고 즉시 이동 품목	기한 설정
WHITE	실선	공 대차, 운반도구, 공 파레트 등	회전
BLUE	실선	1. 긴급 수주 품목(HY-PASS LINE) 2. SHORTAGE 발생시 긴급 생산 품목	긴급 수주 (생산) 대응
RED	실선	1. NC-ITEM 일시 대기 장소 2. 불용품, 장기재고, 반입품 보관장소	판정과 조치

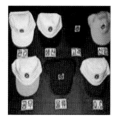

그림 11-3　생산정보와 물류의 가시화 사례

- KANBAN : 눈에 보이지 않는 생산정보와 현물흐름을 눈에 드러내어 정보와 현물을 1:1로 맞추어서 통제하고 제어한다.

| 지시 KANBAN | 분할 KANBAN | 회전 KANBAN | KEY KANBAN |

---

5 | 눈으로 보는 관리의 LEVEL

- 제1단계 : "見"의 단계 – 현상 현물을 개별적으로 일일히 파악할 수 있는 단계
- 제2단계 : "視"의 단계 – 현장 현물을 누구나 쉽게 알수 있도록 기준과 룰을 삽입 해놓은 단계
- 제3단계 : "看"의 단계 – 현장 현물이 저절로 보이도록 ANDON-PACEMAKER 등을 삽입해 놓은 단계
- 제4단계 : "觀"의 단계 – 표준을 스스로 준수하여 이상이나 낭비가 없도록 하는 습관화 단계

---

6 | 눈으로 보는 관리의 포인트

- 포인트 1 : 멀리서도 잘 알 수 있어야 한다.
- 포인트 2 : 관리하고자 하는 현장 현물에 표시되어 있어야 한다.
- 포인트 3 : 잘못 여부를 누구라도 지적할 수 있게 되어 있어야 한다.
- 포인트 4 : 누구나 사용 가능하고 편리하다고 느낄 수 있어야 한다.

- 포인트 5 : 누구나 지킬 수 있고 곧바로 고칠 수 있어야 한다.
- 포인트 6 : 예방관리가 되어져야 한다.
- 포인트 7 : 현장이 밝아지고 변화의 모습이 보이도록 한다.

7 │ 눈으로 보는 관리의 효과

- **POINT 1 : 현장의 이상을 즉석에서 실시간으로 눈에 보이게 해준다**
  - 눈으로 보는 관리를 통해서 이상을 개선해 나간다
    1) 물류 통제 : 정리 정돈이 잘된 공장은 문제가 무엇인지를 알 수가 있다
    2) 표준작업 : PACEMAKER 삽입으로 정상을 유지시켜 표준을 준수한다.
    3) 즉 개선 : ANDON을 설치하여 이상을 즉시 알려서 즉각 대응, 조치한다.
    4) 생산관리 : KANBAN을 운영하여 물류의 이상을 통제하고 개선한다.
  - 누구나 알 수 있고 모두가 할 수 있는 생산현장으로 만들어나간다.
    1) KNOW HOW를 없애고 표준화의 기초를 다져나간다.
    2) 공장을 SHOW ROOM 화하여 현장직 사원에게는 자부심을 심어주고, 소비자에게는 품질의 자신감을 표출시켜 매출 증대를 도모한다.

- **POINT2 : "현장 현물 주의"로 생산현장을 운영한다.**
  - TACTTIME생산 : 제품 제조정보는 소비자현장, 생산자현장 및 공급자현장과 밀접하게 연결되어야 한다.
  - 완성품 표준재고에 의한 필요량 인수 : 영업은 표준재고로 수주정보와 생산현장 및 제품창고를 현물로 연동시킬 수가 있다.

- **POINT3 : "정물일치" 사상의 정착화**
  - 판매의 정보와 제품재고의 연동이 절대조건 : 수주 없이 생산 없다.

- "수요예측-예측생산-대량재고"의 현상은 변화 대응력 부재의 결과이다.
- 수요예측이나 판매예측이 틀렸다고 해도 누구도 책임져 주지 않는다.

8 │ 눈으로 보는 도구와 관리 방법을 활용한 라인의 가시화 이미지

현장을 순회하게 되면 실시간 생산지시 정보와 STORE 및 PACEMAKER/ANDON, 표준작업표 등이 비치가 되어서, 작업조건을 준수하고 이상을 도출시켜서 조치가 가능한 현장이란 느낌이 한 눈에 들게 하기 위해서는 반드시 아래와 같은 6가지 도구가 비치되어야 한다.

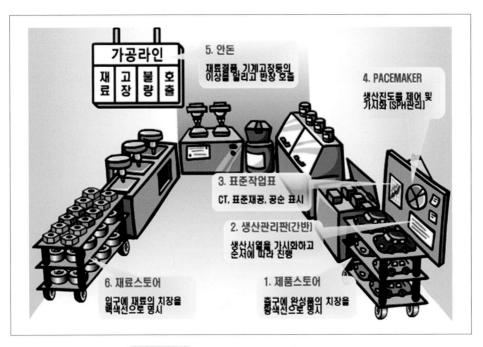

그림 11-4   눈으로 보는 관리 6가지 도구

12 CHAPTER

가시관리 도구로서의 KANBAN SYSTEM

1 | KANBAN이란 무엇인가?

후 공정이 필요한 물품을 필요한 량만큼 필요한 시기에 인수하기 위하여, 앞 공정으로 정보를 보내는 도구로서 "과잉생산의 낭비를 없애고 원가를 낮추는 역할"을 한다.

2 | KANBAN의 3가지 기능

■ 기능 1 : 작업 지시 및 현물 인수의 기능[생산관리 및 통제의 기능]

간판은 자동적으로 정확하게 생산 지시, 운반 지시 및 미세 조정의 기능을 수행한다.

■ 기능 2 : 현물 관리 및 통제의 기능 [정물일치의 기능]

간판은 자동적으로 물품의 흐름과 정보의 흐름을 일체화 시켜줌(정물일치의 원칙)으로써 현물관리를 용이하게 하고, 늦고 빠름을 현장에서 실시간 규제한다.

■ 기능 3 : 가시화를 통한 개선 도구로서의 기능 [개선의 도구]

간판은 "정물일치"의 기능을 통하여 많고 적음에 대한 "이상"을 쉽게 드러내어 줌으로써 낭비를 배제할 수가 있고 전후 공정 간 BALANCE를 즉시 맞출 수가 있다.

[표 12-1] KANBAN과 라벨 및 스티커의 차이점

KANBAN	라벨 및 스티커
1. 먼저 발행되어져서 KANBAN POST에 작업순서대로 꽂혀져 있다.	1. 제품이나 반제품 생산 후에 발행되어져 현물에 부착이 되어 진다.
2. 발행된 종류와 매수 및 순서대로만 작업을 할 수가 있다.	2. 품목과 생산량 및 작업순서의 조정이 가능하다.
3. 발행된 후에 취소나 변경 및 삭제가 곤란하다.	3. 작업도중 추가 취소 삭제 및 변경이 가능하다.
4. KANBAN에 명기된 설비와 재료 및 공정에서만 작업이 가능하다.	4. 타 설비, 유사 재료 및 대체 공정에서 작업을 진행할 수가 있다.
5. 분실 또는 고의로 KANABAN을 없앨 경우에는 작업이 불가능하다.	5. 스티커나 라벨 등을 분실해도 재발행하여 작업 진행이 가능하다.

3 | KANBAN SYSTEM의 특징

1) 생산과 부품공급의 동기화 실행 SYSTEM이다.

- 전체 공정은 간판 정보로 연결되어 있다.(Linked System)
- 스스로 규제되고 통제 되어진다.(Self Regulating)
- 학습 훈련이 요구되어진다.(Discipline)

2) 2가지 형태의 공인된 Card를 사용한다.

- 생산지시 카드와 현물을 인수하는 카드로 구성되어져 있다.

3) 소 LOT 다회 생산 및 인수를 지향하는 SYSTEM 이다.

- 평준화 생산계획에 근거한 소 LOT 다회 생산 및 인수를 지향하는 시스템이다.

- 발주(P/O : Prrchasing Order)가 아닌 납입지시(D/O : Delivery Order)로 운영된다.

4 │ TOYOTA식 KANBAN의 운영 룰과 원칙에 대한 검토 및 현장 접목 실무

수주변화와 납기 불확정이 심하며, 공정간 동기화가 안된 상태에서 비평준화 로 트생산을 하고 있는 우리나라 현장에서 TOYOTA식 KANBAN 운영 룰과 원칙을 그 대로 답습하여서는 절대로 현장에 적용이 완전 불가능하다. 그러므로 TOYOTA식 KANBAN의 장점과 좋은 기능들만 찾아내어서 우리 현장에 맞는 방법을 찾아내어 서 한국형 KANBAN SYSTEM을 만들어야만 쉬우면서도 편리한 간반시스템을 구축 할 수가 있다.

1) TOYOTA식 KANBAN 방식의 7 원칙과 변형방안의 제시

원칙	도요타 자동차 간반운영 7개 원칙	변형 적용된 운영 규칙	비고
제1원칙	후공정 인수의 원칙(PULL 방식)	물의 방향에 맞도록 PUSH 간반 적용	간반 배달부 성인화
제2원칙	STORE 만들기의 운영	STORE-BUFFER-대기장으로 다양하게 운영	C급 제품 유연성 확보
제3원칙	U-LINE 만들기의 원칙	적용안함(고비용-다양한 해외 근로자 등)	현장 편의성 수렴
제4원칙	인수된 간반 순서대로 생산하는 원칙	선입선출의 장점 유지를 위해서 그대로 적용함	
제5원칙	ZERO 공정변경의 원칙	표준 LOTSIZE를 설정하여 소 로트 흘리기 생산	생산량 편차 흡수
제6원칙	불량 ZERO의 원칙	부적합 및 재투입 KANBAN 적용하여 운영	NC-Area 운영
제7원칙	간반 Maintenance의 원칙	예외 간반 제작 운영	임시-한정-특급간반

2) TOYOTA식 KANBAN 운영의 7룰

RULE	도요타 자동차 간반운영 룰	변형 적용된 운영 룰
제1RULE	간반회수는 정한 시간에 행한다.	품목별 Tacttime 생산으로 진행한다.
제2RULE	간반은 작업 시작시 떼내어 포스트에 넣는다.	탈거한 간반은 간반 보관함에 넣고 가시화한다.
제3RULE	간반이 탈거된 순서대로 작업을 한다.	선입선출을 위하여서는 원칙대로 적용함
제4RULE	간반 매수 이상으로 작업하지 않는다.	"간반없이 생산없다"는 사고를 100% 수용한다.
제5RULE	현품에는 반드시 간반을 부착한다.	그대로 수용하여 간반을 부착하고 가시화한다.
제6RULE	후 공정은 필요이상으로 인수하지 않는다.	C등급 단중생산품은 대기장에 대기시킨다.
제7RULE	간반이 훼손되면 바로 갱신한다.	간반 훼손시 간반 재발행하여 생산 진행

5 | KANBAN SYSTEM 운영시 필요한 도구

아래의 3가지 도구가 비치되어서 정보전달-작업착수-진도가시화 등을 현장에서 실시간으로 알 수 있고 이상 발생 시 눈에 보이도록 하여서 조치가 가능하도록 하고 있다.

▶ KANBAN POST　　　▶ KANBAN　　　▶ KANBAN 보관함

* 회전 KANBAN POST　　* 회전 KANBAN

▶ 대기장과 현물이동점

* 전산KANBAN POST　　* 전산 KANBAN

* KEY KANBAN

6 | KANBAN의 종류

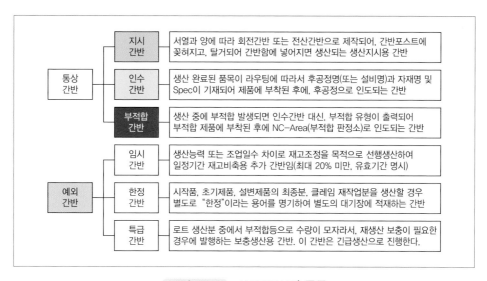

통상 간반	지시 간반	서열과 양에 따라 회전간반 또는 전산간반으로 제작되어, 간반포스트에 꽂혀지고, 탈거되어 간반함에 넣어지면 생산되는 생산지시용 간반
	인수 간반	생산 완료된 품목이 라우팅에 따라서 후공정명(또는 설비명)과 자재명 및 Spec이 기재되어 제품에 부착된 후에, 후공정으로 인도되는 간반
	부적합 간반	생산 중에 부적합 발생되면 인수간반 대신, 부적합 유형이 출력되어 부적합 제품에 부착된 후에 NC-Area(부적합 판정소)로 인도되는 간반
예외 간반	임시 간반	생산능력 또는 조업일수 차이로 재고조정을 목적으로 선행생산하여 일정기간 재고비축용 추가 간반임(최대 20% 미만, 유효기간 명시)
	한정 간반	시작품, 초기제품, 설변제품의 최종분, 클레임 재작업분을 생산할 경우 별도로 "한정"이라는 용어를 명기하여 별도의 대기장에 적재하는 간반
	특급 간반	로트 생산분 중에서 부적합등으로 수량이 모자라서, 재생산 보충이 필요한 경우에 발행하는 보충생산용 간반. 이 간반은 긴급생산으로 진행한다.

그림 12-1　KANBAN의 종류

7 | KANBAN 설계 및 운영 포인트 제고

1 KANBAN SYSTEM 설계 수순과 방법

1) 수순 1

제조 프로세스별로 투입되어지는 강종(품목)과 선경(사양)을 기재하고 전, 후 공정별로 물의 흐름을 선으로 연결하여 Routing Chart를 작성한다. Routing은 2가지로서 1차신선(PD)을 하는 그룹(PD-Group)과 1차신선(PD)를 하지 않는 그룹(Non PD-Group)의 2가지 임.

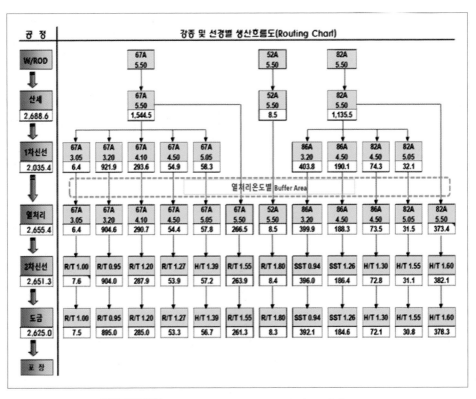

그림 12-2　공정에 따른 강종 및 선경별 생산흐름도

2) 수순 2

각 강종(품목) 그룹별로 열처리 온도와 시간이 다르므로, 5가지의 온도계층이 열처리 공정 앞에 대기가 되게 됨. 따라서 열처리 앞 쪽에 온도계층별, 강종별 Buffer Area를 만들어서 대기시킨다.

3) 수순 3

산세 공정에서 열처리 공정까지는 Push 생산을 하고, 열처리 공정에서 포장공정까지는 납기에 따른 Pull 생산을 실시하여 제조리드타임을 줄이는 방안을 System에 넣도록 한다.

4) 수순 4

각 강종(품목)과 선경(사양)별로 3개월 평균 생산량을 기재하여 내림차순으로 정리하고 ABC Grade별로 분류하여 KANBAN에 기재하고, Buffer Area의 대기표준량을 산정한다.

여기서, 중요한 것은 앞 공정인 1차신선(PD)의 설비 댓수가 선경 종류(상기 Chart에서는 5가지 임)보다 많이 적을 경우에는 공정변경횟수가 급증하고, 이로인하여 수율로스가 많이 발생되게 되므로 자재재고 보유와 동일하게 A-Grade 버퍼대기량을 많이 가져가서 후보충 생산으로 시작하고, 추후에 공정변경시간 단축 활동을 통하여 계획생산으로 도전하는 것이 시스템 구축을 성공시키는 포인트가 됩니다.

[표 12-2] ABC 분석 결과

강종 및 선경	67A 3.20	86A 3.20	82A 5.50	67A 4.10	67A 5.50	86A 4.50	86A 4.50	67A 5.05	67A 4.50	82A 5.05	52A 5.50	67A 3.05	합계 중량
생산 중량	904.6	399.9	373.4	290.7	266.5	188.3	73.5	57.8	54.4	31.5	8.5	6.4	2,655.4
개별 점유율	34.1%	15.1%	14.1%	10.9%	10.0%	7.1%	2.8%	2.2%	2.0%	1.2%	0.3%	0.2%	100%
누계 점유율	34.1%	49.1%	63.2%	74.1%	84.2%	91.3%	94.0%	96.2%	98.3%	99.4%	99.8%	100%	
Grade	A	A	A	B	B	B	C	C	C	C	C	C	
생산방식	계획생산			로트생샌			단중생산						
버퍼 대기량	대기량 거의 없음			로트량 만큼 대기가 됨			단중만큼 대기가 됨						

2 KANBAN DESIGN과 KANBAN 운영 방법

1) 회전간반

용도별 등급별로 미리 만들어서 아래 [그림 12-4]와 같은 간반(보관)함에 강종-선경별로 비치하여 두었다가, 매일매일 필요량을 해당 (정류화)설비에 부착하여 가시화 시키고, 각 설비 담당 작업자가 1매씩 인수하여 설비내의 간반보관함에 꽂아두고 작업을 실시한 후에, 완료가 되면 간반을 탈거하여 작업 현물에 부착하여 대기장에 옮겨두고 다시 다음 간반을 회수하여 작업을 반복한다.

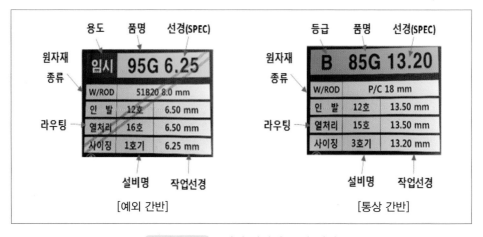

그림 12-3　예외 간반과 통상 간반

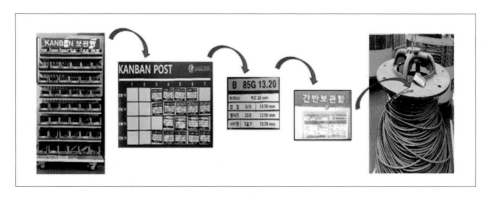

그림 12-4　회전 KANBAN의 흐름 및 관리

2) 전산간반

DESIGN과 용도는 회전간반과 동일하나, 매일매일 필요한 것을 Tacttime에 맞춘 품목별 매수만큼 발행하여 사용하는 것으로서 방법은 분기점과 병합점 처리 및 품종 변화에 따라서 아래와 같이 다르게 운영할 수가 있다.

① 제조 프로세스 상에서 품종(강종) 변화가 없고, 단지 분기점이나 병합점이 있는 경우에는 간반매수를 줄여서 원가절감을 도모하기 위해서 1매의 간반에 Routing을 모두 표기하여 물의 흐름에 따라 동일한 간반으로 탈, 부착 및 가시화하면서 관리를 하고, 공정별 생산량 및 생산정보는 Bar-Code에 등록이 되어있어서, 공정별 작업자가 PDA로 SCAN하게되면 전산에 자동으로 입력처리가 되고, 제어가 된다.

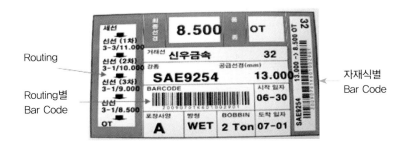

② 제조프로세스 중에 병합점이 발생되는 경우는 간편화, 단순화를 위해서 병합으로 투입되는 2매의 간반을 병합작업 후에 부착하고, 분할점이 있는 경우에는 쌍둥이 간반을 발생번호만 다르게 하여 간반 가운데에 절취선을 넣어서 쉽게 분할이 되도록 미리 제작된 종이카드에 출력하여 사용한다.

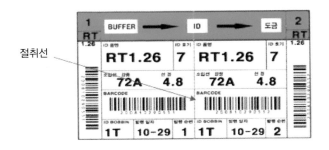

③ 제조 프로세스상에서 품종(강종) 변화가 있고, 분기점도 있는 경우에는 공정
별 간반을 사용하여 강종변화와 분기점 대응을 하게 된다.

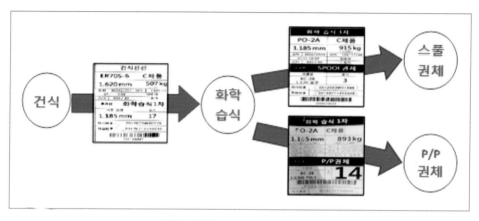

그림 12-5   공정별 간빈 운영

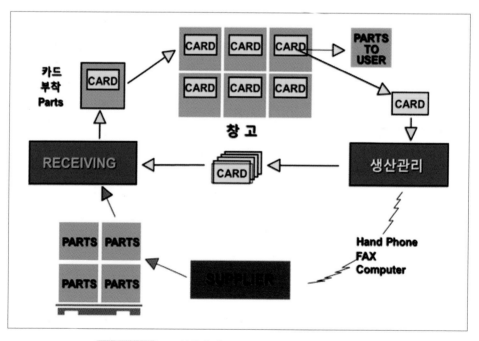

그림 12-6   전산(제어) KANBAN의 기본 골격과 도구

3) KEY KANBAN

물(WORK)의 흐름과는 무관하지만, 공정이나 설비 및 투입자재의 종류와 작업
사양을 제어하거나 쉽게 관리하고자 설비작동부에 여러 가지 Sensor를 부착하고,
외부에서 서로 맞닿는 경우의 수만큼의 Key를 만들어서 보관하고 있다가 필요한
Key를 설비에 부착하여 사용한다.

투입되는 강종과 원자재 선경은 공
통이고 사상선경만 4가지로 분류되
는 경우에 4개의 Sensor와 Key를
이용한 KEY KANBAN

후공정이 서로 다른 2곳, 강종은 3종
류이며 사상선경은 5종류로 작업이
되는 설비의 물의 흐름과 강종 및 선
경을 동시에 제어하는 KEY KANBAN

그림 12-7   KEY KANBAN 사례

4) 기타 간반

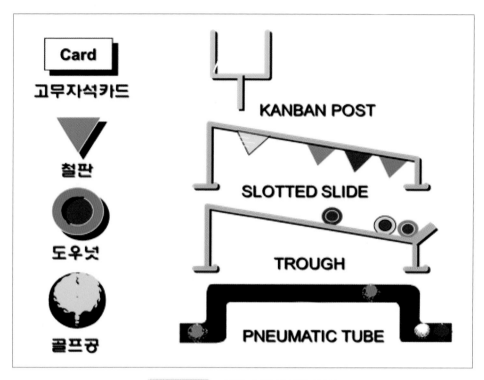

그림 12-8   기타 형태의 KANBAN

13

CHAPTER

현장관리의 시작과 끝은 3정 5S이다

물류 및 품질 안정화를 도모하는 눈으로 보는 관리도구는 앞에서 언급한바와 같이, 품질이상이나 공정조건이상과 설비고장 등을 실시간으로 알려주는 Andon과 물류이상을 드러내주는 도구로서 정리정돈 활동이 있으며, 마지막으로는 현장에 지시된 생산계획이 현물과 1:1로 똑같이 잘 진행되는지를 실시간으로 보이게 해주는 간반(KANBAN)이 있습니다. 여기서, Andon은 Hardware로서 약간의 지혜를 넣어서 돈을 들여 설치하면 되는 것이지만, 정리정돈 활동은 글자그대로 Software로서 현장사원들이 자기 자신의 일을 표준화시켜서 공유화하여 기본을 준수하고 변화를 리드하겠다는 강한의지가 기본적으로 깔려져 있어야만 정착이 되는 것으로 지속적으로 공장이 문을 닫을 때까지 추진하여야만 되는 기본적이면서도 생산관리 활동의 바로메타가 되는 것이다.

1 　 정리 정돈과 3정 활동의 목적과 추진 방법 및 내용

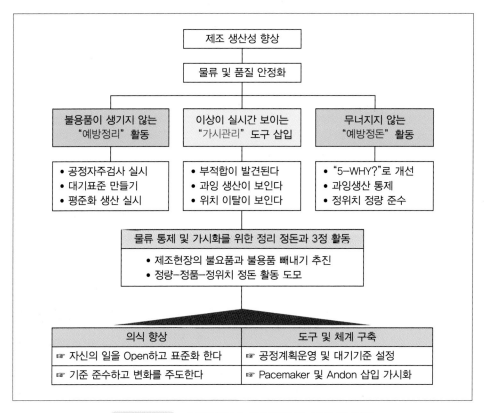

그림 13-1 　 정리정돈과 3정 활동의 목적 및 방법

2 　 정리 정돈 활동과 3정 활동의 정의와 주요 추진 활동

　정리 정돈은 일본 도요타 공장에서 5S활동이란 이름으로 추진한 것으로서 아래 [그림 13-2]와 같이 5가지 주요활동 중에서 처음의 기본적인 2가지 활동이다. 먼저, 정리 정돈활동을 시작하여 물류안정화가 되기 시작하면 품질과 안전을 도모하는 청소, 청결 활동으로 확대해 나가고, 이상의 재발방지나 의식고취를 위한 습관화 활동으로 정착시키는 것이 수순이 됩니다.

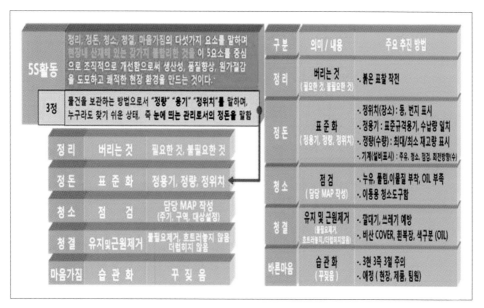

그림 13-2   3정 5S 활동 정의

1 정리활동이 현장에서 잘 실천되고 정착되기 위한 선결과제의 인식

정리를 하기 위해서는 불필요한 것과 필요한 것을 구분하는 것이 현실적으로는 가장 어렵게 다가온다. 필요한 것을 어느 시각으로 보는가, 어떻게 보는가가 공장마다 사람마다 다소 임의적이고 자기중심적으로 생각하기 때문이다. 정리정돈 활동의 기본 취지가 물류관리이므로 필요한 것의 기준도 물건을 만드는 제조리드타임을 기준으로 해야 한다. 다시 말하면, 제조리드타임을 벗어나는 것은 모두가 불필요한 것이므로 모두 빼내어서 다른 장소로 옮겨 두어야 한다. 이것이 정리활동이다. 회사에서 정책적으로 선행생산이나 과잉생산을 하게도 된다. 이럴 경우에도, 반드시 다른 장소에 적재시켜 두든가, 장소가 없어서 동일 장소에 적재시킨다면 반드시 적재위치를 구분하고 표찰을 부착하여 가시화해야만 한다. 또한 생산하는 품목별 LOTSIZE를 제조리드타임에 맞추어서 표준화하고 공유화해야만 불필요품과 필요품을 모두가 인지하고 정리활동에 동참할 수가 있으며, 정착이 가능해진다. 여기서, 제조현장의 Space가 여유가 있어서 품목별 LOTSIZE를 크게 하여 적재시키는 것은 원천 봉쇄가 되어져야만 합니다. 왜냐하면, 근본적으로 물(Work)을 작고 빠르게 흘려서 제조리드타임을 줄이고자하는 것이 정리활동의 목적이기 때문입니다.

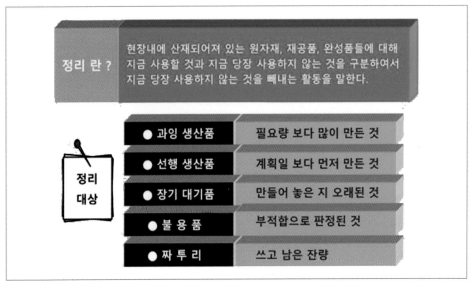

그림 13-3　정리활동의 정의 및 대상

자재 및 재공품(W.I.P)에 대한 정리의 필요성

- 찾고, 세고, 집계, 보고하는 등의 관리를 간단하게 할 수 있다
- 자재나 재공품이 적어지면 현장의 모든 이상이 쉽게 노출되어서 "즉 개선"으로 연결할 수가 있다
  - 품질 이상이 보인다[빨간선]
  - 빨리 만들어야 할 품목을 쉽게 알 수가 있다[파란선]
  - 과잉 생산품이나 선행 생산품을 쉽게 알 수가 있다[노란선]
- 쓸데 없는 품목을 만드는데 소요되는 시간과 공수를 줄일 수 있다
  - 제조 경비 저감으로 제조원가 저감
  - 제조 리드 타임 저감으로 "단 납기 대응" 가능

그림 13-4　자재 및 재공품 정리 필요성

완성품(제품과 상품)에 대한 정리의 필요성

● 사장재고를 저감하여 재고 폐기에 따른 손실비용을 방지한다
  – 매출을 일으키는 확률의 문제
● 영업의 무재고 판매에 대한 체질강화 도모
  – 시장 및 수주처의 변화에 대한 지속적 체크 및 신속 대응
  – 부진재고, 사장재고 방지를 통한 영업이익 극대화 도모
● 판매촉진 도모
  – 소비자에게 품질에 대한 자신감과 납기에 대한 신속한 대응력
    및 기업의 투명성 표출로 매출 증대
  – 가능한 모든 정보를 개방하여 사원의 의욕과 도전의식을 불러일으킴

그림 13-5   완성품 정리 필요성

불요품이나 불용품이 많으면 어떤 손실이 오는가?

☞ CASH FLOW 악화
☞ 고정비 증대
☞ 폐기 비용 증대
☞ 재처리 비용 발생
☞ 유연성 저하 요인

☞ 원자재 과다
   소모로 비용 증가
☞ SPACE 낭비
☞ 현물에 대한
   무관심 유발

☞ 발청–찍힘 등 품질
   불량 요인 발생
☞ 이동–적재 등의 물류
   핸드링 낭비 초래
☞ 재고관리 비용 증대

어떤 이유로 과잉생산을 하게 되는가?

● 예측생산 또는 밀어넣기 식 판매 방식
● 량 중심의 생산 또는 가동률 중시 사고
● 월간 수주량의 편차 발생에 대한 우려
● 기계고장, 불량, 결함 등에 대한 우려감
● 생산 BATCH를 키우는 것이 효율적이라는 사고

문제를
감춘다

많이 만들면
어디서 언제
문제가
발생했는지
알 수 없다

그림 13-6   손실 유형 및 과잉생산 이유

2 정돈활동은 정렬 활동과 반드시 구분하여 생각하고 시행해야만 작업능률을 올릴 수가 있게 된다.

정렬은 단순히 현물을 가지런히 보기 좋게 놓아두는 것이라면, 정돈이란 불용품을 빼내고 남은 필요품을 물건을 놓는 규칙인 3정에 따라서 놓아두되 반드시 선입선출(F.I.F.O : First In First Out)이 가능하도록 간편도구화 시켜서 두는 것을 말합니다. 따라서 정렬을 Arrangement라고 한다면 정돈은 Arrangement In Rule이라고 할 수가 있습니다. 여기서, In Rule이란 3정이라고 하는 정량-정용기-정위치를 말합니다.

■ 정돈 활동의 기본도구로서의 3정활동

정돈이란, 누구라도 물건(자재, 부품, 치공구, 팔레트, 운반구 등)을 쉽게 찾아 사용하고 쉽게 제 위치에 되돌려 놓기 위한 목적이다. 이러한 정돈의 목적을 현장에서 모두가 쉽게 지킬 수 있도록 하기 위하여 정량-정용기-정위치라는 규칙을 만들어서 현물중심으로 가시화하고 준수하는 것을 3정활동이라 한다.

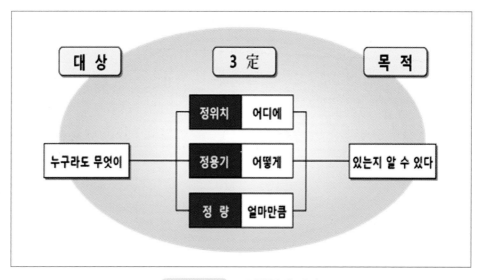

그림 13-7 3정활동의 정의

여러 책자에 3정활동을 정량-정품-정위치라고 표현하는 경우도 많이 있다. 정품을 정량만큼 담아서 정위치에 두라는 뜻으로 사용하고 있다. 이런 경우에도 한문으로 표기해 보면 正品(양품)을 말하는 것이 아니고 定品(필요한 품목 : 생산지시가 된 품목)이란 뜻으로 생산지시된 품목에 따라서 담아지는 용기가 다를 수 있으므로 결국은 같은 뜻으로 해석은 됩니다만, 원래는 정용기가 옳은 표현임을 밝혀둡니다.

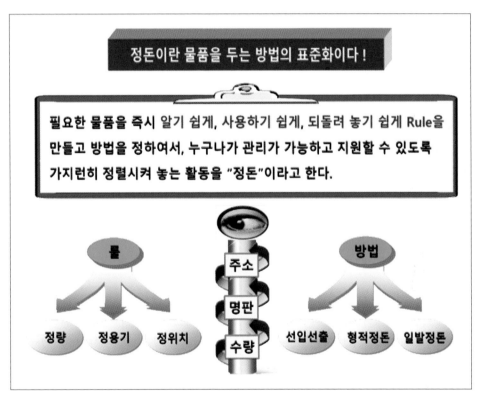

그림 13-8   정돈의 정의

우리 현장에서 정돈 활동을 해야하는 이유를 알아보자

☞ 물품을 사용하고자 할때, 어디에 있는지를 쉽게 알 수 있게 하여
찾는시간의 낭비를 줄여서 시간의 낭비를 없앤다 --- 가동율 향상

☞ 물품을 사용하고자 할때, 혼돈이 되어서 뒤바뀌거나, 잘못 꺼내어
대량의 부적합을 만드는 일을 방지해 준다 --- 부적합 방지

☞ 물품을 찾아서 꺼낼 때, 사용하고자 하는 량만큼을 쉽게 꺼낼 수
있도록 하여 부대작업의 낭비를 줄여 준다 --- 작업효율 증대

☞ 필요한 만큼을 사용하여 불필요한 대기재공을 없애고, 불용품으로
변질되어서 폐기시키는 일을 방지한다 --- 원가저감 도모

그림 13-9   정돈 활동의 수행 이유

그림 13-10   정돈 활동의 예시

■ 3정 활동의 세부방법을 알아보자

항 목	활 동 방 법	비 고
정용기	1. 100%의 양품을 생산계획양 만큼만 생산한다 2. 용기를 규격화하고 수납수를 정하여 수납수 만큼만 담아서 적재, 이동 시키는 것을 일상화 습관화 한다 3. 수납수는 1 또는 2, 5, 10의 정배수로 한다. 4. 모든 용기는 수량이 나타나게 한다	
정 량	1. 투입 및 완성품의 대기량 표준을 정한다(STORE) 2. 최대량과 최소량을 확실히 명기한다(적재 선반) 　(최대량 : 녹색, 후보충 싯점 : 황색, 최소량 : 적색)	
정위치	1. 품목자체표시 : 어떠한 물건인가 그 자체를 나타냄 2. 선반품목표시 : 어떠한 물건을 놓을 것인가 표시 3. 품목표시를 떼낼 수 있도록 설치한다. (위치변경가능)	지정석 자유석

그림 13-11　　3정 활동의 방법

■ 3정 활동이 현장에서 정착이 잘 되려면 물을 담는 용기를 세분화하고 규칙을 만들어 넣어주자.

1) 정량 : 제조리드타임과 LOTSIZE로 필요품과 불요품을 구분한다.

2) 정용기 : 스토아-대기장-면책구역-버퍼 등으로 물을 담는 용기의 기능을 층별화하고 가시화시킨다.

　ⓐ STORE : 공정중에서 지금 사용하는 품목을 가져다 두는 곳. 1개-1셋트-1파레트 대기 준수가 필요

　ⓑ 대기장 : 인수방식(PULL SYSTEM)이 아니라, 밀어넣기방식(PUSH SYSTEM)으로서, Cycletime이 비동기화(Unbalance)인 경우에, 일정량을 미리 가져다 두는 곳

　ⓒ BUFFER : 제조리드타임을 줄이고, 가동율을 증대시키기 위해서 제조리드타임에 맞추어서 표준량을 대기시켜 두는 장소로서 주로 공용품 사용 공정이나, BOTTLENECK 공정에 만들어 놓은 장소

ⓓ NC-AREA : 부적합품 또는 불량품을 대기시켜서 판정-조치-처분하는 장소

ⓓ 면책구역 : 선행/과잉생산품과 불용품을 가져다 두고, 소진, 처분해 나가
는 장소

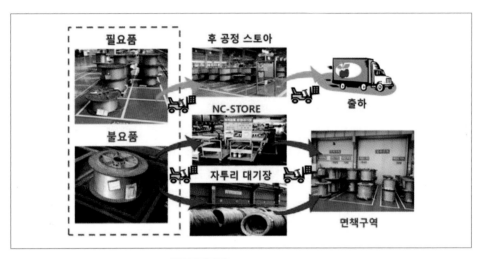

그림 13-12   3정 활동 예시

3 | 정리 정돈의 필요성과 전제조건

1) 정리 정돈은 회전과 통제를 통한 "흐름화"를 도모해 나가는 도구이다

- 회전을 여러번 하여 빠르게 흘리면 "대기량과 도구가 작아지게 된다".
  - 사용 도구[대차-BOX-PALLET-RACK]가 적게 소요 된다.
  - 사용 면적과 공간도 줄어든다.
- 순서대로 일 하기가 쉬워지고, 문제가 즉시 보이게 된다.
- 쓸데없는 물류 핸들링이 줄어들고, 찾고 쓰기가 쉽게 된다.

2) 정리 정돈은 "후 공정에서 필요한 량과 필요 시간"에 맞추는 것이다

- 후 공정에서 필요한 것을 필요한 만큼만 만들어서 정위치에 대기시킨다.

- 정리 정돈을 하는 것은 "선행-예측-과잉 생산"을 통제하는 것이다.

3) 시스템의 "평준화"와 "정류화"로 정착화시켜 나간다.

- 평준화하는 방법을 고려하지 않고 무조건 3정 5S를 하기 때문에 정착이 잘 되지 않고 힘들어진다.
- 정류화를 통한 물류의 지속성과 균일성 확보로 품질을 안정화시켜 나간다.

4 | 5S 활동의 추진 단계와 세부 활동 방법

1 생산현장에서의 단계별 세부 추진활동

구분	단계	추진 활동	비고
정리	1 단계	-. 생산현장에 있는 모든 물건을 LIST UP 하고 필요 유무를 구분한다.	표찰 부착
	2 단계	-. 정리 대상품을 면책구역으로 이관시키고, 리스트를 작성하여 소진/처분한다.	면책구역
	3 단계	-. 불필요한 물건이 현장내에서 다시 생기지 않도록 점검하고, 유지관리한다.	AB 제어 실시
정돈	1 단계	-. 생산 계획량만큼의 양품만 생산하여 정해진 용기에 담아 둔다 ····· 정용기	양품 보증
	2 단계	-. 보관장소(RACK)나 대기 스토아를 정하여 생산/운반/보관 한다. ····· 정위치	AB 제어 실시
	3 단계	-. 적정 보관 수량을 정한다 (1 SET 흐름, 표준량 보관) ······· 정량	MAX, MIN 표시
	4 단계	-. 보관 장소에 주소와 품목 표시를 한다. ····· 가시화	
청소	1 단계	-. 청소 및 점검 시간/항목을 정하고, 도구를 준비한다	설비,용기,도구 청소
	2 단계	-. 전원이 참석하여 청소 점검 조치하는 풍토를 조성한다	자주 점검/청소
	3 단계	-. 점검 조치 능력을 배양해 나간다	OJT
청결	1 단계	-. 이상이 발생되면 즉시 보이게 하고, 조치/개선 한다 (ANDON의 삽입)	가시관리
습관화	1 단계	-. 작업표준 또는 품질표준을 작성한다	표준서 작성
	2 단계	-. 표준을 누구라도 쉽게 알수 있도록 공정별로 게시하고 교육한다.	공정별 게시
	3 단계	-. 표준대로 실시하도록 하고, 그렇지 않으면 지적하고 올바르게 고쳐준다.	순회 및 점검
	4 단계	-. 우수반 개선사례 게시. 수평전개	개선사례 게시

그림 13-13   5S 활동의 단계별 추진 내용

2 각 단계별 핵심활동 테마와 방법의 요약 정리 : 시간이 없을 경우에 이것만은 꼭 하도록 하자.

[표 13-1] 5S 활동 단계별 핵심활동

구분	제1단계	제2단계	제3단계
정리	**불요품 제거** • 적찰활동 • 층별화	**양의 규제** • 표준량 설정 • AB 통제	**계획 합리화** • MPS 작성 • 공정 연계성
정돈	**현장 가시화** • LABEL 부착 • 도색 작전	**보관방법 개선** • 3정 활동 • 일발 정돈	**물류 합리화** • 소량 다회전 • 공순 배치
청소	**쓸고 닦기** • My Area • My Machine	**점검 습관화** • 자주 점검 • 미결함 적출	**발생원 대책** • 비산 카바 • 오일 펜스
청결	**점검 습관화** • 3S 점검표로 일상점검의 생활화	**현장 복원** • 3현3즉3철 • 이상의 개선	**"3않음" 체계** • 자동 제어 • Fool-Proof
바른 마음	**의식(가시)화** • 표어-포스터 • 5S 사진전	**지적호칭** • 족적점검 • Camera 고발	**재발방지** • 공정 PATROL • 5S 콘테스트

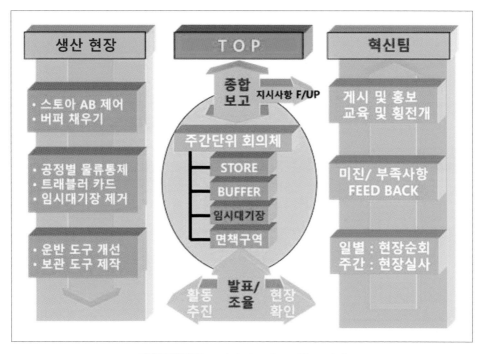

그림 13-14   전사적 3정 5S 활동 체계

6 | 전사적 3정 5S 활동의 추진을 통한 우리 현장의 변화 모습

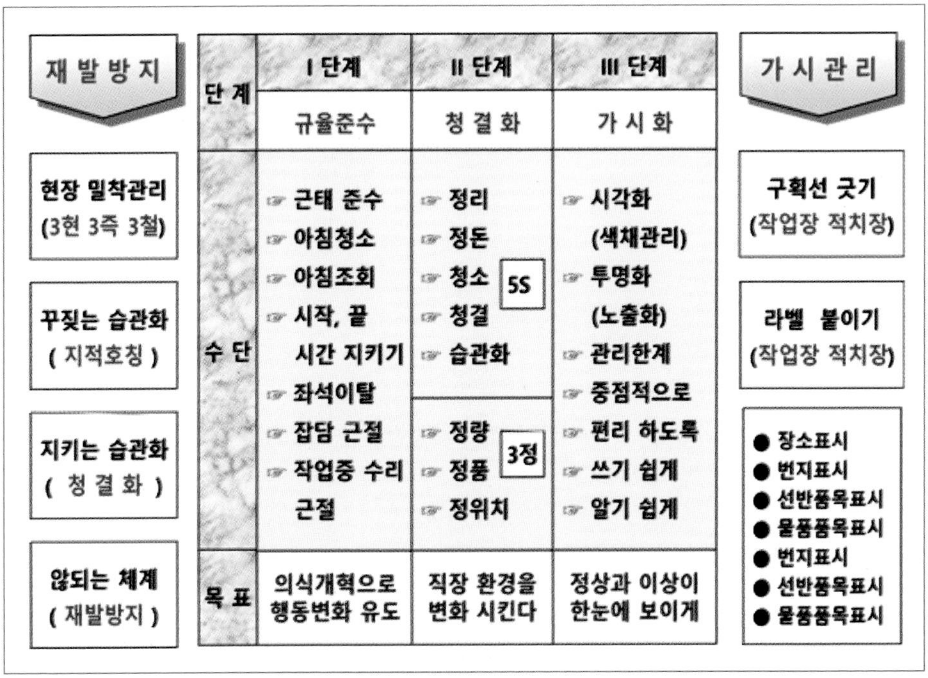

재발방지	단계	I 단계	II 단계	III 단계	가시관리
		규율준수	청결화	가시화	
현장 밀착관리 (3현 3즉 3철)	수단	☞ 근태 준수 ☞ 아침청소 ☞ 아침조회 ☞ 시작, 끝 시간 지키기 ☞ 좌석이탈 ☞ 잡담 근절 ☞ 작업중 수리 근절	☞ 정리 ☞ 정돈 ☞ 청소 (5S) ☞ 청결 ☞ 습관화	☞ 시각화 (색채관리) ☞ 투명화 (노출화) ☞ 관리한계 ☞ 중점적으로	구획선 긋기 (작업장 적치장)
꾸짖는 습관화 (지적호칭)					라벨 붙이기 (작업장 적치장)
지키는 습관화 (청결화)			☞ 정량 ☞ 정품 (3정) ☞ 정위치	☞ 편리 하도록 ☞ 쓰기 쉽게 ☞ 알기 쉽게	● 장소표시 ● 번지표시 ● 선반품목표시 ● 물품품목표시 ● 번지표시 ● 선반품목표시 ● 물품품목표시
않되는 체계 (재발방지)	목표	의식개혁으로 행동변화 유도	직장 환경을 변화 시킨다	정상과 이상이 한눈에 보이게	

그림 13-15   3정 5S 활동을 통한 변화 모습

14
CHAPTER

품질만들기는 사람만들기이다

---

1 | **작업자 훈련 및 교육 방법**

1 숙달과 숙련이란 무엇을 말하는가?

■ 방목형 숙달 방식은 근절되어야 한다.

숙달이란 일정한 훈련과정을 거치지 않고 작업자가 자기에게 주어진 일을 혼자서 독학으로 익히는 것이다. 동물의 방목은 동물 스스로에게는 자연 그대로가 좋을지 모르나 목장의 수익성이 좋아지는 것과는 상당히 거리가 멀다. 작업을 시작한 후 어느 정도의 시간이 경과하면 숙달이 되어 생산을 할 수는 있다. 그러나 생산성이 좋고 품질이 좋은 생산과는 거리가 멀다. 방목형 숙달방식을 택하고 있는 현장에 두 명의 작업자인 성재와 경덕이가 같은 날 같은 작업에 배치되어 작업을 시작한 후 2주일이 지난 다음에 두 사람이 같은 시간에 생산한 제품의 생산량과 불량률을 조사해 보면 심한 경우는 2배 이상의 차이가 난다. 흔히들 이 차이는 작업자의 능력, 지능, 학력 또는 의식구조 때문이라고 생각하는데, 이는 두 사람의 차이를 과학적 기법으로 분석하여 보면 작업자의 개인차 보다는 작업방법, 작업순서, 작업역의 넓이, 환경조건 등에서 생겨난 차이가 훨씬 크다. 특히, 설비를 사용하여 제품을 생산하는 공정에 배치된 신입 작업자에게 "가르칠 시간 없다, 또는 현장작업자가 부족하다"는 이유로 입사 당일에 입으로 설비를 운전하는 법을, 그것도 선배의 입장에서 몇 번 가르쳐 주고는 결과의 확인도 없이 설비의 운전을 맡긴다든가, 실무를 해 나가면서 익히도록 하는 것은 문제가 크다. 스쳐가는 바람소리 정도로 대충 익힌 실력으로 설비를 운전하기 때문에 설비에 무리가 가해지며 열화를 시킨다. 설비의 열화는 설비고장의 원인이 되며 불량을 만들기도 하며 생산성을 저하시키기도 한다.

■ 숙련이란 표준작업을 익혀서 체득화하는 단기간의 훈련이다.

숙련이란 정해진 작업방법, 작업순서, 작업시간을 최적화된 작업역에서 필수적인 훈련과정을 통하여 고숙련자로 부터 배우고 익히는 것이다. 숙련과정의 훈련을 이수한 작업자간의 생산량과 불량률 차이는 거의 없다. 만일 차이가 나도 그것은 두 작업자의 환경여건에 차이가 있던가, 아니면 작업자의 태만 때문이다. 초년의 고생은 사서도 한다. 첫날 첫 번째 배우고 익힌 습관이 전부이다. 잘못 배워 익혀진 습관을 고치려면 대단한 고통을 겪어내야 한다. 학교에서 실시하는 교육은 장시간에 걸쳐서 이루어지지만 숙련훈련은 단시간에 성과를 거두어야 하기 때문에 연습과 기능화를 통하여 몸에 익히는 것이 중요한다.

❷ 숙련 훈련의 대상

■ 신입 작업자(Novice Operator)

입사하여 현장에 배치 되기 전에 **Operating Skill**과 작업물에 대한 기본적인 양, 부 판정검사 등에 대하여 교육을 받고 수료한다.

■ 대체 작업자(Pinch Hitter)

작업자의 결원 즉, 결근, 조퇴, 지각 등으로 공백이 생긴 공장의 손실을 최소로 하기 위하여 공정에 투입되어서 작업을 하는 사람으로서, 숙련 훈련의 내용은 동일하다.

3 교육 준비사항

■ 작업 훈련 교본 또는 표준서 준비

작업 훈련 교본 또는 표준서를 마련해 두면, 가르치기 전에 지도해야 할 내용을 순서있게 정리할 수 있다. 정리되지 않은 상태에서는 올바로 가르칠 수가 없다. 작업 경험이 많은 사람이거나 작업 경험이 적은 사람이라 하더라도 가르칠 경우에는 반드시 작업 훈련 교본 또는 표준서가 있어야 한다.

[표 14-1] 숙달과 훈련의 비교

구분	용어해설	비고
숙달	작업자가 창작해 낸 방법으로 익힌 것	독학, 방목
숙련	정해진 방법의 숙련 훈련으로 익힌 것	교육, 훈련

■ 3M의 준비

작업표준서에 기록되어 있는 설비, 도구, 재료, 기타 필요한 것을 가르치기 전에 충분히 준비해야 한다. 부족한 재료로 지도하다가 부족한데 대하여 변명해서는 신뢰를 잃게 되기 때문이다.

■ 작업장 정돈

감독자는 좋은 시범을 보일 의무가 있으므로 가르칠 곳과 작업장을 근로자가 지켜야 하는 수칙대로 정연하게 정리정돈하여 놓고 가르칠 태세를 갖추어야 한다. 항상 모범을 보이는 것은 감독자의 도리이며, 아랫사람이 좋은 습관을 익히게 되고, 작업안전, 품질향상, 직장규율 유지에도 매우 중요하기 때문에 현장감독자의 자세가 근로자에게 거울 같은 표본으로 교육 훈련의 으뜸이 되는 것이다.

- 기계와 치공구 및 충분한 재료와 도면을 준비하여 예정된 시간에 사용할 수 있도록 작업장을 정리정돈하고 담당자나 교육생 모두가 시간적인 여유가 있도록 해주는 것이 포인트이다.

4 감독자의 올바른 작업지도

작업을 정확하고 안전하며 올바르게 수행하도록 지도하는 방법 중 신뢰할 수 있는 방법을 감독자는 익혀 두어야 한다. 말로만 작업을 설명하는 방법을 현장에서 주로 활용하는 경향이 있는데, 이 방법은 말이 갖는 한계성, 즉 기록이 없고, 멀리 전달이 어려우며, 복잡하게 느껴지므로 작업을 확실하게 지도할 수가 없을 뿐더러 지도받는 측도 바른 작업을 할 수가 없다는 것이다.

다음으로 시범을 보이며 해보이기만 하는 방법을 많이 활용하여 작업을 지도하는 경우인데, 이 방법에도 한계가 있어서 바른 위치가 아니면 올바로 배울 수가 없고, 눈썰미가 좋아서 한번만 보고도 할 수 있는 작업자가 있다고 하더라도 성패나 안전, 쉽게 할 수 있는 방법의 급소 등을 가볍게 지나쳐 버리는 경우가 있기 때문에 작업을 지도할 때에는 확실하면서도 신뢰할 수 있는 훈련기법을 활용해야 한다.

5 숙련 훈련의 4단계

숙련 훈련은 다음과 같은 4단계로 시행한다.

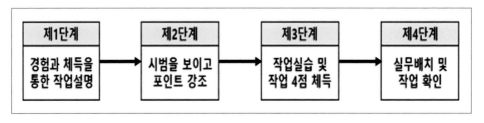

그림 14-1　숙련 훈련의 4단계

- 제 1 단계 : 경험과 체득을 통한 작업내용 설명
  - 먼저, 작업자의 마음을 편안하게 한다.

    배우는 작업자는 긴장하기 쉬우므로 편안한 상태가 되도록 말을 부드럽게 하여야 한다. 근엄한 얼굴로 목석처럼 가르친다든지, 호령을 한다든지, 핀잔

186

을 준다든지 하는 언행은 삼가야 한다.

- 그 다음에는, 배우고자 하는 의욕이 나도록 경험과 노하우를 시범을 통해서 설명해 준다. 작업자에게 배우고, 익히고자 하는 작업의 중요성을 차근차근히 이해가 가도록 설명하여 배우려는 흥미를 일으키도록 체득 경험과 기술을 바탕으로 단위작업에 대한 순서와 방법 및 급소를 재미있게 설명해 주고, 궁금한 점을 질문을 받고, 실습행위로 설명을 해준다.

■ 제 2 단계 : 시범을 보이고 포인트를 강조한다.

- 작업의 시범을 보인다.
  작업자가 맡아 해야 할 작업을 지도자가 직접 연속작업으로 2~3회 반복하여 시범을 보여준다.
- 작업의 4점을 설명한다.
  작업의 4점이란 작업순서, 작업방법, 작업의 급소, 품질포인트이다. 이 작업 4점을 작업자에게 순서 있게 빠짐없이 작업표준서대로 가르친다. 말로만 설명하면 작업자가 올바르게 그리고 빨리 배울 수 없으므로 시범을 보이면서 설명해 주는 것이 확실하다. 이 때 앞뒤 공정 작업자 및 제품에 미치는 영향을 자세하게 일러 주어야 작업의 중요성을 정확히 인지한다. 이런 요령으로 2~3회 반복적으로 시범을 보인다.
- 급소를 강조 한다.
  작업을 수행하는데 필요한 급소를 강조 한다.
  - 급소의 3요소
    ① 작업성패(=성공과 실패)의 급소
    ② 안전 : 작업자가 다칠 우려가 있는 급소
    ③ 쉽게, 좋게 : 작업자가 쉽게 하는 요령

■ 제 3 단계 : 실습 및 작업 4점 체득

- 작업을 시킨다.
  2 단계에서 작업자가 말과 설명을 듣고 시범으로 배운대로 설명을 하면서

작업을 실제로 수행한다.

- 잘못을 즉시 교정한다.

작업자의 실습을 지켜보면서 잘못이 발견되면 즉시 고쳐 주어야 나쁜 버릇이 습관화 되지 않는다. 발견하는 즉시 고쳐주지 못하면, 후에 10번을 고치려 해도 고쳐지지 않는다. 고쳐 줄 때 짜증을 내거나 핀잔을 주지 말고 선배답게 정으로, 그러면서도 엄하게 고쳐 주어야 한다.

- 실습을 반복한다.

일의 요령에 따라 작업실습을 5-10회 반복한다.

- 급소를 복창하게 한다.

작업의 실습을 통하여 작업을 습득한 후에 급소를 외우게 하기위하여 여러 번 급소를 복창토록 한다.

- 질문을 유도한다.

배우는 사람은 지도자에게 결점을 보이기 싫어서 모르는 것이 있어도 질문을 하지 않는 경우도 있고, 상사인 감독자가 어려워서 질문을 망설이는 수도 있다. 또한 경험이 많은 근로자가 새로운 작업을 지도 받을 때에는 좀처럼 질문을 하려 들지 않는 경우도 많다. 따라서 부드러운 분위기를 만들어 질문이 스스럼없이 나오도록 한다. 가급적 질문을 다 청취한 다음에 답하면 효과가 상승한다.

- 암기를 시킨다.

작업의 4점을 말로 설명할 수 있을 정도로 외우도록 하고 이를 확인한다.

■ 제 4 단계 : 실무배치 및 작업결과의 확인

- 실무에 배치한다.

실습이 끝난 작업자를 실무에 임하도록 하여 자주적으로 책임지고 일하게 한다. 이때에는 품질을 강요하여 한 개라도 정확한 작업이 이루어지도록 유도하는 것이 감독자의 임무이다.

- 배치한 후 초기 확인을 한다.

  실습의 내용과 현업의 적응이 완전한 것을 감독자가 인정할 수 있을 때까지 실무배치 초기의 작업을 확인하고 독려한다.
- 수시로 현장을 순회하고 확인 한다.

2 | 현장 작업자 Level Up 훈련 및 교육

1 다능공의 정의와 선결과제

근래, 다능공화 추진을 공장의 테마로 하고 있는 곳이 많다. 「다능공 추진」이라든지, 다능공을 영어로 Multi Skill Man이라고 부르기 때문에 「Multi Man 조기 양성」 등이라고 쓰여져 있는 게시가 눈에 띈다. 그러나 이들 다능공화를 추진하고 있는 공장의 대부분이 흐름생산으로의 다능공이 아니라, 담당자가 쉴 경우의, Pinch Hitter적 다능공 이거나 대 LOT를 만들고, 로트과 함께 공정을 거치면서 작업하는 Caravan과 같은 다능공이다. 다능공의 본 의미를 모르고 있다고 하겠다.

변화의 시대, 물건 만들기의 기본은 흐름 생산이다. 이 흐름 속에서 다능공 소유가 가능한 참된 다능공을 꼭 육성하고 싶다. 다능공의 육성은, 일종의 소집단 활동과 같은 것으로 공장 전체에서 몰두하고, 현장 작업자의 의욕을 이끌어내는 것이 우선 제일 중요한 포인트이다. 왜냐하면 작업자는 그다지 모험을 즐기지 않기 때문이다. 이제까지 몇 십년간 해 온 단능공의 담당작업 속에 푹 빠져 있기 때문에 그 방법이 최선이고 가장 쉬우며 좋은 것이라 생각하고 있기 때문이다. 이와 같은 작업자에게, 그 외의 공정을 기억하게 하는 것은, 수십 년간 불려왔던 「베테랑」이라는 훈장을 떼어버린, 풋내기와 다름없다. 자연히 저항이 나오는 것도 납득이 간다. 우선, 이처럼 「왜 이제 와서 신드롬 인가?」라는 베테랑 저항 증후군을 공장 속에서 일소하는 것이 선결과제이다. 그것을 위해서는, 관리자나 임원뿐 만이 아니라, 사장까지 포함한 공장의 전원이 다능공에 도전하는 의기투합과 제조현장 분위기 만들기가 필요하다.

다능공을 추진하기 위해서는, 일반적으로 다음과 같은 수순을 거친다.

- 수순1 다능공 양성을 위한 팀을 편성
    - 기능별 Training Coach 및 Leader의 편성
- 수순2 작업자의 현재의 SKILL을 공정별로 명확하게 한다
    - 작업별 기능별 등급 RANK표 작성
- 수순3 「다능공 관리표」를 사용하여, 작업자의 목표를 설정한다.
- 수순4 잔업시간 등을 유효하게 사용한 "다능공화 스케줄"을 작성한다.
- 수순5 정기적으로 성적표 상황을 조회때나 종례시 발표하고, 의식을 높인다.

다능공의 훈련은 OJT가 가장 좋다. 라인의 흐름 속에서 빼내고, 외딴섬 작업적인 훈련은, 시간과 수고가 걸리는 데 비해, 그다지 습득하지 못하는 경우가 많다. 흐름 속에서의 훈련. 이쪽이 긴장감이 있어서 좋다. 조금이라도 늦으면, 後 공정이 곤란을 겪게 된다. 의식이 긴장을 한다. 이것을 「다능공 흐름 훈련」이라고 칭한다.

이 때 다음과 같은 방식의 스탭을 거친다.

- Step1 현장리더 스스로가 해보게 한다.
- Step2 작업 포인트의 설명
- Step3 작업자 자신이 스스로 하게 한다.
- Step4 그 장소에서 즉시, 반성회 실시
    - 「해보도록 하고, 말하고 듣게 하고, 시켜보게 하고, 칭찬하지 않으면 사람은 육성되지 않는다.」

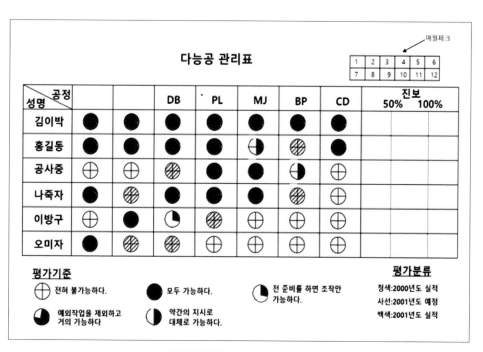

그림 14-2   다능공 관리표

2 다기능 훈련 시스템 설계 방법

1) 고 부가가치 종업원으로서의 다기능 작업자

종업원의 육성이 작업자, 지도자, 회사 모두에게 도움이 되는 것이란 점에서 다기능 교육은 꼭 필요한 것이다. 오늘날의 시대는 단순작업만 반복적으로 수행하는 단능공으로는 회사의 생존여부가 문제되는 무한경쟁시대에서 살아남을 수가 없으므로 마지막 남은 경영자원으로서의 종업원, 특히 일선 작업자의 다기능화가 절실히 요청되고 잇는 것이 시대적인 소명이다.

고객이 필요로 하는 제품을 필요한 때에 필요한 양만큼만 만들고 빠르게 만들기 위해서는 여러 공정을 수행할 수 있는 고 부가가치 종업원(즉 다기능공 혹은 다능공)이 필요하게 된다. 즉, 이론상 적정인원인 소수정예의 다기능공을 투입하여 생산활동에 임해야 하는 것이다. 다기능공인 작업자 자신은 내가 만든 제품이 고객 손에 이르러 즐겨 소비된다는 자부심으로 제품을 만들고 "물건 만들기"에 자부심을 느끼며 자신이 속한 생산현장이 자신의 삶의 터전이요, 자아실현의 도장으로서 인식할 수 있으며 회사는 이런 종업원이 고 부가가치를 창출하는 고 부가가치 종업원으로 인식하여 인재육성을 지원하는 제도적 뒷받침을 게을리 하지 않아야 할 것이다. 이러한 고 부가가치 종업원이 제조한 제품은 경쟁력을 갖추어 저성장 시대에도 이익을 창출하고 이러한 이익을 경영자는 다시 다기능 훈련시스템에 투자하는 발상의 전환이 있을 때 다기능 훈련 시스템은 열매를 맺을 것이다. ([그림 14-3] 참조)

2) 종업원 level up 교육의 개요

회사에 따라 다소 차이가 있을 수 있으나, 종업원 level-up을 위한 교육은 다음과 같은 종류가 있다.

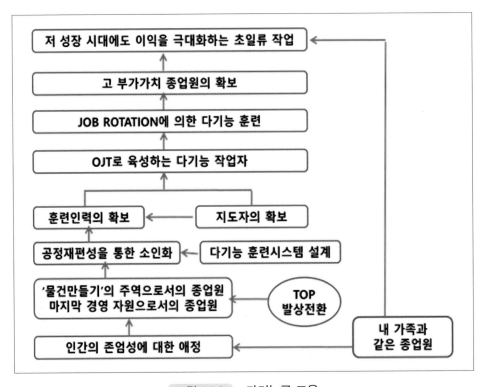

그림 14-3   다기능공 교육

■ 도입교육

신입사원, 신입 작업자에 대한 입사교육으로서 회사의 경영방침, 취업규칙, 급호, 상여금 및 제반 보험제도에 대한 일반적인 회사 소개와 그 회사가 만드는 제품, 품질, 안전위생 등의 기초지식을 가르치는 교육이다.

■ 기초 교육

기초 교육은 OJT 교육으로서 라인내에서 행하는 경우가 많다. 라인에서 작업을 수행하기 위한 제품의 필요 최소한의 지식과 기능을 가르치게 된다. 기초교육은 작업자를 한 사람의 작업자로서의 자격을 갖도록 육성시키는 것을 목표로 해야 할 것이다.

■ 보조 교육

OJT 교육은 라인 내에서 행하는 관계로 기능훈련이 중요시되는 경향이 있다. 그 때문에 아무래도 관련지식의 교육이 부족하게 되고, 도입교육, 기초교육에서 할 수 없었던 라인작업에 필요한 지식교육을 할 필요가 있다. 따라서 보조교육은 회사가 사내외의 강사를 선정하여 교육을 하게 되는 것이다. 경우에 따라서는 필요한 과목을 선정하고 시간과 장소를 할애하여 작업자가 자주적으로 참가할 수 있게 하는 경우도 생각할 수 있다.

■ LEVEL-UP 교육

작업자에 대해서 도입교육, 기초교육, 보조교육을 실시했다고는 하지만 3년이상 경과된 베테랑 작업자에 대해서는(기간에 대해서는 각사의 사정에 따라 2년 이상 경과자로 정할 수 있음)거의 교육이 이루어지지 않는 것이 현실이다. 그러나 본래의 의미로서의 교육은 이 단계에서의 레벨업 교육이다. 노동능력을 향상시켜 고 난이도의 제품을 수주한 경우, 품질이나 생산성의 저하 없이 소화시키기 위한 작업자의 교육은 바로 LEVEL UP 교육이다. 즉, 작업자를 LEVEL UP 교육에 의하여 기능공이나 다기능공, 그리고 지도자화 하는 이른바 고 부가가치 종업원으로서 육성할 수 있는 것이다.

■ 자주 활동 교육

작업자의 LEVEL UP교육의 성공을 좌우하는 것은 자주 활동 교육이다. 개인적으로는 제안제도에 참가하고, 소집단 활동에 참가해서 작업자의 LEVEL UP교육을 충실하게 심화시키는 것이 중요하다. 제안이나 소집단 활동이 활성화되어야 직장이 활기 있고 생명력을 갖는 것이며, 이러한 자주활동에 참여함으로써 작업자는 육성이 되는 것이다.

3) 다기능 훈련시스템 설계의 수순

■ 1단계 : TOP의 의지 표명과 사무국 설치

TOP이 회사의 경영방침으로서 다기능 훈련을 실시한다는 의지를 표명한다. 다기능 작업자에 대해서는 인사고과, 승급, 등에 반영하며 다기능 수당을 신설한다든가 하는 제도적인 뒷받침과 실시계획의 입안, 예산편성 등을 사무국이 담당하도록 한다. 사무국은 경영혁신 사무국 혹은 추진실 등에서 관장하는 것이 일반적이다.

■ 2 단계 : 육성시스템 구축

전체적인 육성시스템의 체계를 설정한다. 각사에 따라서 다를 수 있으나, 기본적으로는 공정개선을 통해서 소인화된 인원을 차출하여 다기능 훈련에 투입하는 것이 일반적이다.

■ 3단계 : 다기능 훈련계획의 편성과 공지

사무국은 각과 별(혹은 반별) 다기능 훈련 계획을 입안한다. 훈련기간은 해당 공정습득에 필요한 기간을 감안하여 짧게는 3개월에서 6개월의 기간을 정하여 설정하는 것이 좋다

■ 4단계 : 훈련 매뉴얼의 작성과 지도자의 선정

훈련 공정의 작업지도서를 정비하고 기계, 설비의 경우 조작 매뉴얼을 작성하고 교육시킬 지도자를 선정한다. 일반적으로는 해당 과 또는 반의 관리감독자인 직장, 반장, 기사, 수리사 중에서 선정한다.

■ 5단계 : 교육 대상자 및 대상 공정의 선정

교육 대상자의 선정은 두 가지 경우가 있다. 첫 번째로는 현재 라인 내에서 작업자를 하루 중 일정시간(1~2시간)을 라인에서 빼내어 훈련하고자 하는 공정에 투입시켜 교육하는 방법과 둘째로 공정개선을 통하여 소인화된 인원을 투입하는 두 가지로 생각할 수 있다. 두 번째의 경우는 하루 8시간을 해당 공정에 배치하여 지도자가 훈련시킴으로써 단기간에 100% 기능공으로 양성할 수 있는 장점이 있고, 첫 번째의 경우는 하루 근무시간 중 일정시간만 해당공정에서 훈련함으로써 습득 기간이 길어진다는 점이다. 두 가지 경우 모두 다기능훈련을 위해 일시적으로는 생산수량이 감소되므로 회사로서는 비용이 발생되는 꼴이나 장기적으로는 다기능화된 작업자의 능률향상으로 생산성이 올라가게 되며 고 부가가치 종업원 육성의 성과에서 볼 수 있듯이 발생비용을 상회하는 성과로 연결되므로 비용문제는 걱정할 필요가 없을 것이다. 대상공정의 선정에 있어서는 작업자의 육성부문과 회사로서의 필요성이란 두 가지 측면을 감안하여 선정해야 한다. 기본적으로는 해당 작업자의 전, 후 공정의 작업내용을 습득시키도록 계획을 편성하고 라인/반 내에서 중요공정 순서로 선정하여 이 공정에는 최소 몇 명의 작업자를 기능공으로서 육성하겠다는 회사의 계획을 반영하여 대상 공정을 선정하면 된다.

■ 6단계 : JOB ROTATION에 의한 다기능 훈련

다기능 훈련을 실시하여 6개월~1년이 경과한 후 해당 라인/반/과 내에서 교육이 완료되면 다음 단계로 과와 과 사이의 JOB ROTATION에 의한 다기능 훈련을 실시하게 된다.

4) OJT로 육성하는 다기능작업자

■ 기초교육의 단계와 스텝

이 기초교육은 입사 후 도입교육이 끝나고 근무처로 배치되어 라인 내에서 주어진 작업의 기초적 지식 기능의 양성을 목적으로 한 것으로 OJT 교육이라 한다. 아무것도 모르는 작업자에게 해당 작업을 수행하기 위해 필요한 최소한의 지식과 기

능을 가르쳐 실제로 작업을 시켜보는 것이다. 기초교육을 몇 단계로 구분할 것인가
는 직종에 따라서 다르겠지만 일반적으로는 5단계 정도로 구분하여 실시하는 것이
바람직하다.

- ■ 기초교육의 STEP 진도기록

  ① 목적과 필요성

  OJT 트레이닝은 초기, 중기, 후기 그리고 자격취득을 위한 트레이닝이 있
  으나, 학교로 비교하면 학년에 해당한다고 할 수 있다. 또한 스텝은 학기에
  해당한다. 각 학기를 소화하지 못하면 상급학년으로 진학할 수 없다. 진도
  기록의 목적과 필요성은 트레이닝을 받는 자와 행하는 자가 진행현황을 인
  식하고 확인함으로써 트레이닝의 성과를 가일층 높이고자 하는데 있다.

  ② 스텝 진도기록의 방법

  트레이닝의 초기 중기 후기 자격취득의 단계 중에 있는 각 스텝마다 진도
  기록을 실시한다. 각각의 스텝을 하나의 진도로 보아 기록은 원이나 사각
  형을 4등분하여 최초 기록한다.

  ③ 지도자(관리 감독자)의 육성

  지도자의 육성은 기본적으로 차상위 직급의 업무를 담당케 하여 육성시켜
  야 한다. 회사가 계획을 세워 서열상 몇 개월 후에 차상위 직급으로 승진시
  키고자 하는 사람에게 미리 해당 업무를 담당케 하여 지식과 지도력을 교
  육, 훈련시켜야 한다. 또 하나의 지도자 육성 방법은 지도자가 부하 작업자
  를 가르치면서 자신이 성장하는 것이다. 누군가를 가르치기 위해서는 교안
  을 연구, 작성해야 하며 부하 직원에게 효과적으로 전달하기 위해 교수법
  을 배워야 하는 것이다. "가르친다는 것은 곧 배우는 것이다." 라는 말이 있
  듯이 지도자가 부하작업자를 교육하기 위한 준비가 되었는가를 제도적으
  로 체크하고 이끌어 주는 시스템을 구축하면 지도자는 가르치는 과정에서
  자신이 배우게 되고 훌륭한 지도자로서 육성되는 것이다.

④ 가시적인 경영성과의 향상

작업자가 육성되고 지도자(관리감독자)가 육성되면 반드시 업무의 성과는 올라가게 된다. 반대로 성과가 향상되지 않았다면 작업자, 지도자가 육성되지 않았다는 것이므로 다시 한 번 육성시스템을 제고할 필요가 있다. 구체적으로 업무의 성과로는 생산성이 향상되고 근태율이 올라가며 불량율이 감소된다. 결과적으로는 제조원가가 저하되고 이익율이 올라간다.

■ 기초 교육 단계별 진도 기록

① 초기 트레이닝

이 단계의 작업자는 가동하고 있는 라인에서 작업하기 전 단계로서 라인사이드에서의 트레이닝이다.

② 중기 트레이닝

이 단계의 작업자는 작업레벨이 낮고 문제가 발생할 소지가 있다.

③ 후기 트레이닝

이 단계의 작업자는 때때로 확인하고 주의해서 작업하면 작업은 수행되는 상태이다.

④ 작업자격 취득 트레이닝

이 단계에서의 별도의 도움 없이도 자기 스스로 작업을 진행할 수가 있다.

■ 다기능화 진도관리 방법

① 스텝별 기능도의 설정

기초교육(OJT)의 트레이닝 및 단계별 진도기록의 예를 활용하여 다기능 교육시 스텝별 기능도를 설정 교육한다. 직종과 현장에 따라 다르므로 스텝별 기능설정은 각사가 표준을 정해 실시하고 관리감독자의 평가에 의해 한 스텝을 MASTER하면 원이나 사각형을 1/4한 면적에 1스텝씩 검은색으로 칠해가면 된다.

② 눈으로 보는 개인의 진도관리

다기능 훈련에 들어가기 전에 먼저 해당 과, 반의 작업자 전원에 대해서 각 작업자의 기능이 현재 어느 스텝에 와 있는지를 파악한다. 그 후에 훈련계획을 세워 표로 만들어서 해당 작업장에 게시한다. 눈으로 보아서 각 개인이 현재의 기능도를 인식하고, 향후 어떤 공정의 기능을 습득하도록 예정되어 있는지를 본인 스스로가 알 수 있게 공개하는 것이다.

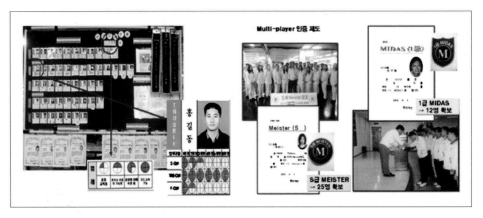

그림 14-4 눈으로 보는 개인의 진도관리 사례

3 │ 검사요원 교육 테마 및 방법

1 기기 취급 및 검사 방법의 표준화

- 각종 계측기 및 검사 도구에 대한 표준 작동법 교육
- 각종 계측기 및 검사 도구의 이상점 조기 발견 능력 배양
- 표준 검사 방법 및 검사 조건의 표준화

2 분기점 및 한도견본에 대한 기준점 만들기를 통한 검출 능력 배양

- 품질 분기점(정상품과 이상품의 영역)의 정확한 인지능력 배양
- 육안검사품목에 대한 한도견본 만들기 능력 부여
- 품질 특성치(C.T.Q) 및 공정 특성치(C.T.P) 변화에 따른 품질 영향도 실험을 통한 CTQ/CTP 중요성인지 및 검출 능력의 증대 도모

3 교육 실시 절차 및 방법

■ 1 단계 : 피 교육자 준비 단계

- 1-1 수줍음을 없애줌-친절 자상 신뢰감, 교육 목적 등을 소상히 설명
- 1-2 작업의 소개-실험 대상 기구를 보여주고, 중요한 전문용어를 설명해 주며, 전후 관련된 검사과정을 충분히 이해시킨다.
- 1-3 검사원의 사전지식 및 현재의 검출 능력과 문제점을 파악한다.
- 1-4 올바른 위치에서 가르친다. 즉, 잘 보이도록 자세를 잡고, 왼손잡이 오른손잡이를 고려해서 검사치구를 잡는 각도나 방법을 구분하여 가르친다.

■ 2 단계 : 교사의 시범 단계

- 2-1 어떻게 하는지 해 보이고 설명해 준다.
- 2-2 무엇을 어떻게, 왜 그렇게 하는지 해 보이면서 설명한다.
- 2-3 시범을 보이며 검사 단계와 검사시의 포인트를 체계적으로 반복시킨다.